JN357570

꽃
오래
보고

화초
잘
키우기

일러두기

1) 책의 전체 순서는 꽃(절화) 50종, 꽃이 피는 화초 25종, 주로 잎을 감상하는 분화 식물 25종 순이며 각각을 한글명 가나다순으로 정리하였다.
2) 한글명이 영문명과 다른 경우에는 한글명을 타이틀로 하였고 사진의 아래 부분에는 영문명을 적고 우측에 그 발음을 적었다. 두 개의 이름으로 불릴 경우 영문이름 옆에 함께 표기하였다.

절 화 및 분 화 관 리 요 령 100가지

꽃
오래
보고

Florists' Review Enterprises | 류병열 옮김

화초
잘
키우기

플로라

역자서문

사랑하게 되면 그 대상에 대해서 궁금한 것이 많아지게 된다. 우리가 꽃과 식물을 사랑한다면 이름이 뭔지, 왜 그런 이름이 붙여지게 됐는지, 어떻게 해 주어야 좋아하는지 등을 제대로 알고 싶게 될 것이고 알면 그만큼 더 사랑스러워지지 않을까? 이 책에는 우리가 꽃과 식물에 대하여 궁금해하는 것들이 가득하다.

얼마 전 우연히 탁상용으로 제작된 예쁜 책 2권을 보게 되었다. 꽃 전문잡지 '플로리스트리뷰(Florists' Review)'를 발행하는 Florists' Review Enterprises 社에서 제작한 책으로 플로리스트들이 생화와 화초에 대하여 제대로 이해하고 자신의 고객들에게 제대로 전달하게 하려고 제작된 것이었다. 화원에서뿐 아니라 꽃과 식물을 키우는 모든 사람에게 꼭 필요한 내용을 담고 있어서 번역과 출간을 계획하였으며 플로라에서 본 책을 발행하기로 하여 〈꽃 오래 보고 화초 잘 키우기〉가 세상의 빛을 보게 되었다.

이 책은 우리가 가장 자주 접하는 꽃과 화초 100종(절화 50종과 분화 식물 50종)을 선별하여 자세한 정보와 관리요령을 알려준다. 원서는 절화 50종과 분화 식물 50종을 나누어 2권의 책으로 제작되었는데 독자들의 편리함을 위하여 두 권을 합하여 한 권의 책으로 만들게 되었다.

독자들께서 이 책을 열심히 참조한다면 이제 전문가들이 하는 것처럼 안개꽃을 따뜻한 물속에서 위아래로 빠르게 흔들어 주어서 순식간에 팝콘이 벌어지듯 활짝 피게 할 수 있으며, 운반 중에 찌그러진 알리움의 머리는 줄기를 잡고 손바닥 사이에서 부드럽게 굴려주면 본래의 모양으로 둥글게 만들 수 있다는 것도 알게 될 것이다. 또한, 극락조화가 활짝 피지 못할 때는 포엽을 한 번에 하나씩 부드럽게 손으로 끄집어내면 된다는 것과 꽃을 따뜻한 물에 약 20분간 담가 두거나 포엽의 밑 부분을 칼로 잘라주어 꽃이 쉽게 벌어지게 하면 꽃이 쉽게 빠져나온다는 것도 알게 될 것이다. 그 외에도 이 책에는 우리가 알고 있지 못하던 꽃과 식물에 관한 재미있는 정보가 많이 들어있다.

쉽게 참조할 만한 서적들이 많지 않은 현실 속에서 독자들이 사랑하는 꽃과 식물들에 대해서 궁금할 때마다 펼쳐보면서 더 많은 정보를 알게 되고 더 많이 사랑하게 되기를 바란다.

2013년 가을에

류병열

CONTENTS

- 004 ·················· 역자서문
- 013 ·················· **꽃 오래 보기** | 절화 관리 요령
- 014 ·················· 거베라 gerbera
- 016 ·················· 고데치아 godetia
- 018 ·················· 골든볼 billy button
- 020 ·················· 과꽃 china aster
- 022 ·················· 구근아이리스 iris
- 024 ·················· 국화 chrysanthemum
- 026 ·················· 극락조화 bird-of-paradise
- 028 ·················· 글라디올러스 gladiolus
- 030 ·················· 금어초 snapdragon
- 032 ·················· 나리 lily
- 034 ·················· 다알리아 dahlia
- 036 ·················· 델피니움 delphinium
- 038 ·················· 라넌큘러스 ranunculus
- 040 ·················· 라일락 lilac
- 042 ·················· 루카덴드론 leucadendron
- 044 ·················· 루코스페르멈 leucospermum
- 046 ·················· 리시안서스 lisianthus
- 048 ·················· 리아트리스 liatris
- 050 ·················· 마거리트 marguerite
- 052 ·················· 미국미역취 solidago
- 054 ·················· 뱅크시아 banksia
- 056 ·················· 서양란 orchid
- 058 ·················· 수국 hydrangea

060	…………………	수선화 narcissus
062	…………………	숙근안개초 baby's bresth
064	…………………	스타티스 limonium
066	…………………	스토크 stock
068	…………………	아가판서스 agapanthus
070	…………………	아네모네 anemone
072	…………………	아마릴리스 amaryllis
074	…………………	안수리움 anthurium
076	…………………	알리움 allium
078	…………………	알스트로메리아 alstroemeria
080	…………………	암미 queenanne's lace
082	…………………	에리카 heather
084	…………………	오니소갈럼 srar-of-bethlehem
086	…………………	왁스플라워 waxflower
088	…………………	작약 peony
090	…………………	장미 rose
092	…………………	조개꽃 bells-of-ireland
094	…………………	치자나무 gardenia
096	…………………	카네이션 carnation
098	…………………	칼라 calla
100	…………………	캥거루 포 kangaroo paw
102	…………………	튤립 tulip
104	…………………	프로테아 protea
106	…………………	프리지아 freesia
108	…………………	하이페리컴 hypericum
110	…………………	해바라기 sunflower
112	…………………	히아신스 hyacinth

CONTENTS

117 ········· **화초 잘 키우기** | 분화 관리 요령

▼ 꽃피는 분화식물

118 ········· 거베라 gerbera
120 ········· 게발선인장 cacti(holiday)
122 ········· 국화 chrysanthemum
124 ········· 나리 easter lily/hybrid lily
126 ········· 미니장미 miniature rose
128 ········· 브로멜리아 bromeliads
130 ········· 서양란 orchids
132 ········· 수국 hydrangea
134 ········· 수선화 daffodil
136 ········· 시클라멘 cyclamen
138 ········· 아마릴리스 amaryllis
140 ········· 아프리칸 바이올릿 african violet
142 ········· 안수리움 anthurium
144 ········· 엘라티올베고니아 begonia
146 ········· 오니소갈럼 star-of-bethlehem
148 ········· 철쭉 azalea
150 ········· 치자 gardenia
152 ········· 칼라 calla
154 ········· 칼랑코에 kalanchoe
156 ········· 캄파눌라 campanula
158 ········· 튤립 tulip
160 ········· 포인세티아 poinsettia
162 ········· 프리뮬라 primrose
164 ········· 하와이무궁화 hibiscus
166 ········· 히아신스 hyacinth

▼ 잎이 예쁜 관엽식물

페이지	한글명	영문명
168	네프롤레피스	nephrolepis
170	녹보수	radermachera
172	드라세나	dracaena
174	디펜바키아	dieffenbachia
176	마란타	maranta group
178	멕시코담쟁이	grape ivy
180	벤자민고무나무	ficus
182	산세베리아	sansevieria
184	소철	sago palm
186	스킨답서스	pothos
188	스파티필럼	peace lily
190	싱고니움	syngonium
192	아글라오네마	aglaonema
194	아로우카리아	norfolk island pine
196	아스파라거스	asparagas fern
198	아스플레니움	asplenium
200	아이비	ivy
202	알로카시아	alocasia
204	야자	palms
206	접란	spider plant
208	쥐꼬리선인장	cacti(desert)
210	칼라디움	caladium
212	크로톤	croton
214	필로덴드론	philodendron
216	홍콩야자	schefflera

꽃 오래 보고
화초 잘 키우기

절화 관리 요령

1단계	화원에 꽃이 도착하면 즉시 가늘고 긴 온도계로 꽃이 들어있는 박스 내부나 혹은 물속 온도를 체크한다. 꽃의 얼굴이 있는 뒷부분의 박스 옆으로 온도계를 넣거나 습식상자 내부나 기타 포장의 물속에 온도계를 넣어 검사한다. 만일 온도가 4.4°C 이상이면 곰팡이에 오염되었는지, 노랗게 된 잎들은 없는지, 꽃이나 봉오리, 잎들이 떨어지지 않았는지 자세히 살핀다.
2단계	즉시 포장을 풀고 다발을 묶은 끈을 조심스럽게 제거한다. 이 단계까지는 꽃잎이 상하는 것을 방지하기 위하여 포장은 그대로 둔다. 그러나 나중에는 꽃잎들 사이로 통풍이 잘되도록 포장을 제거한다.
3단계	보관용 용기에서 물속에 잠길 부분들의 잎들을 모두 제거하고 미지근한(너무 차갑지 않은) 흐르는 물로 줄기의 끝 부분을 씻어낸다.
4단계	잘 드는 칼이나 전지가위로 물속 혹은 공중에서 사선으로 줄기의 끝 부분에서 최소한 3cm 이상 잘라낸다.
5단계	줄기의 끝을 수화(水和)용액(hydration solution)에 적신 다음 절화보존제가 적절한 비율로 타져 있는 미지근한 물(35°C~40°C)로 채워진 깨끗한 화기에 담근다.
6단계	꽃들을 즉시 꽃 냉장고에 넣는데 온도는 0.6°C~2°C, 습도는 85~90%로 설정하고, 디자인하거나 판매를 하기 전까지 최소한 두 시간은 넣어 놓는다.
Vase Life 절화수명	· 짧다: 5일 이하 · 보통: 6일~10일 · 길다: 10일 이상

거베라
ger·ber·a

gerbera 거베라

학명 *Gerbera jamesonii*
발음 거베라 제임소니아이
통칭 트란스발 데이지(Transvaal daisy), 바버튼 데이지(Barberton daisy), 아프리칸 데이지(African daisy), 벨트 데이지(Veldt daisy)

생김새
데이지처럼 생긴 거베라의 꽃은 세 종류의 크기가 있는데 미니종은 지름 5~7cm이고 표준 종은 지름 8~13cm, 자이언트 종은 지름 13~15cm이다.

컬러
청록색, 파란색, 남보라색을 제외한 거의 모든 색.
가운데 부분은 노랗거나 녹색, 갈색, 검정색, 어두운 빨강 혹은 붉은 보라색.

절화 수명
보통

주의 사항
줄기 곧바르게 하기 줄기가 무너지지 않도록 보관용 운반 박스의 위를 열고 꽃머리를 그물망이나 운반용 상자에 매달아서 줄기가 박스의 바닥에 닿지 않고 절화보손제 용액에 똑바로 서서 담겨 있을 수 있도록 한다. 또한, 줄기가 똑바로 서 있게 하기 위하여 철사로 줄기를 감을 수도 있고 밀짚 속에 위치시키기도 한다.
세균 주의 매일 절화보존제 용액을 갈아주고 보관 용기를 깨끗하게 청소한다. 박테리아에 오염된 물은 거베라에는 특히 해로우며 줄기의 수관이 막히는 원인이 된다.
에틸렌 민감성 없음

DID YOU KNOW?
보관할 때 줄기의 끝 부분만 물에 잠기도록 하는 것이 거베라의 절화 수명을 연장하는 데 도움이 된다. 털로 덮인 줄기는 박테리아가 증식하기 좋은 환경을 조성하므로 되도록 물에 얕게 잠기게 하는 것이 좋다.

고데치아
go·de·tia

godetia 고데치아

학명 *Clarkia amoena, syn. Godetia*
발음 클라키아 아모이나 고데치아
통칭 새틴 플라워(Satin flowerg), 페어웰 투 스프링(Farewell-to-spring)

생김새
아젤리아를 닮은 고데치아의 꽃은 깔때기 모양이며 줄기의 끝에 4개~6개로 무리 지어서 피어난다. 꽃의 형태는 8개의 홑겹 혹은 겹꽃을 가진다. 줄기는 타원형 혹은 긴 창처럼 생긴 잎들에 의해서 촘촘하게 둘러싸여 져 있다.

컬러
핑크색, 장미색, 연보라색, 연어살색, 복숭아색, 흰색. 대부분의 꽃잎은 이중색이다.

절화 수명
보통

주의 사항
잎의 황화 및 제거 고데치아의 잎은 빨리 노랗게 변하지만 화원에서 이를 대처할 방법이 별로 없다. 그러나 보관 시에 잎들을 모두 제거하지 않고 물 윗부분의 잎들을 남겨두는 것은 매우 중요하다. 남겨진 잎들은 꽃꽂이하기 직전에 제거하면 된다.
보관 온도 발표하는 기관마다 고데치아의 적절한 보관 온도에 관해서는 이견이 많다. 일부는 1℃~2℃ 정도의 온도에 보관할 수 있다고 하는 반면 다른 곳에서는 고데치아가 추위에 민감하므로 4℃~10℃대 초반의 온도에서 보관해야 한다고 말한다.
에틸렌 민감성 있음

DID YOU KNOW?
이 꽃들은 캘리포니아가 원산지이며 학명에 나오는 클라키아(Clarkia)는 '루이스와 클락 원정대'의 대장이었던 클락에게 경의를 표하기 위하여 주어진 이름이다.

003

골든볼
bil·ly but·ton

billy button 빌리버튼

학명 *Craspedia globosa*
발음 크래스피디아 글로보사
통칭 빌리 버튼(Billy button), 빌리 볼(Billy ball),
드럼스틱(Drumstick), 울리헤드(Woollyhead)

생김새

골든볼은 지름 3cm~5cm의 구 모양의 꽃머리(glomerules, 단산화서)를 가졌으며 길고 날씬하다. 잎이 없는 줄기의 꼭대기에 작은 꽃들이 수많은 집합체로 구성되어 있다.

컬러

노란색

절화 수명

보통

주의 사항

꽃들의 개화 절화보존제를 적절하게 사용하여 구 모양의 꽃머리에 붙어있는 작은 꽃들이 개화하는 데 도움을 줄 수 있다. 절화보존제의 사용은 특히 꽃머리가 단단할 때 수확했거나 혹은 미성숙한 상태에서 수확한 꽃들에는 더욱 중요하다.

시든 잎 제거 및 드라이플라워 만들기 골든볼은 드라이플라워를 만들기에 매우 적합한 식물이다. 이 꽃은 일 년 이상 같은 색을 유지할 수 있다. 7~8개의 줄기를 한 다발로 묶어서 따뜻하고 건조하며, 통풍이 좋고 어두운 방에서 완전히 마를 때까지 윗부분이 아래로 향하도록 하여 매달아 둔다.

에틸렌 민감성 없음

DID YOU KNOW?

오스트레일리아와 뉴질랜드, 테즈메이니아(오스트레일리아 남동에 위치한 섬)가 원산지인 이 특이하게 생긴 꽃은 국화과(*compositae*, 데이지/해바라기)계열의 식물로 이 꽃들(ray flower, 설상화)의 꽃잎 부분을 제외하고 공 모양의 가운데 부분만을 닮았다.

과꽃
chi·na as·ter

china aster 차이나 에스더

- **학명** *Callistephus chinensis*
- **발음** 칼리스테퍼스 치넨시스
- **통칭** 차이나 에스더(China aster), 마쓰모토 에스더('Matsumoto' aster), 레인보우 에스더(Rainbow aster)

생김새

꽃은 홑겹과 반겹, 쌍겹 모두 있으며 크기는 지름 2.5cm~10cm까지 다양하다. 일반적인 꽃들은 꽃의 가운데 부분이 노출되거나 노출되지 않은 것들도 있으며 꽃잎이 덥수룩한 깃털처럼 생겼는데(ray floret) 어떤 품종들은 꽃의 노랑 가운데 부분(disk floret)이 데이지 꽃을 닮았다.

컬러

빨간색, 핑크색, 자주색, 보라색, 노란색, (파스텔에서 밝은색까지), 흰색, 산호색, 살구색

절화 수명

보통

주의 사항

잎의 처리 꽃이 완전히 시들기 전에 잎들이 먼저 시드는 경향이 종종 있다. 따라서 이 꽃으로 꽃꽂이할 때는 줄기의 잎을 제거하는 것이 좋다. 그러나 줄기 윗부분의 잎들은 디자인이 완성될 때까지는 그대로 둔다. 고객들에게 잎이 먼저 시드는 속성을 알려준다.

줄기 막힘 과꽃은 일반 식물들보다 절화보존제 용액에 있는 미생물에 의해서 줄기가 막히는 현상이 발생하기가 쉽다. 따라서 줄기 다시 자르기와 절화보존제 용액 교체를 최소한 2일에 한 번씩은 해 주어야 하며 고객들에게도 이 사실을 알려 주어야 한다.

에틸렌 민감성 보통

> **DID YOU KNOW?**
>
> 마츠모토(Matsumoto) 품종은 차이나 에스터 종에서 가장 유명한 품종이다. 작은 꽃을 가지고 있으며 가지가 있는 품종들은 보통 레인보우 에스더라고 알려져 있다.

005

구근아이리스
i·ris

iris 아이리스

학명 *Iris, Dutch hybrids*
발음 아이리스
통칭 플뢰르 드 리스(Fleur-de-lis), 플래그(Flag)

생김새

구근아이리스는 여섯 개의 꽃잎으로 구성되어 있는데 세 개의 바깥쪽 꽃잎(falls, 폴)은 바깥쪽 아래를 향하여 있고 안쪽에 있은 세 개의 꽃잎(standards, 스탠다드)은 똑바로 서 있다. 꽃들은 얇은 줄기의 끝에 칼처럼 생긴 잎들과 함께 핀다.

컬러

파란색, 보라색, 노란색, 흰색. 대부분 이 중색이며 바깥쪽 세 잎(falls)에는 노란색 표식이 있으며 안쪽의 세 잎은 다양한 색조를 가지고 있다.

절화 수명

짧음

주의 사항

꽃 활짝 피우기 구근아이리스는 적절하게 처리되지 않거나 판매되기까지 너무 오래 냉장고에 보관되면 꽃이 피지 않을 수 있다. 피지 못한 꽃잎들을 감싸고 있는 두 개의 덮개 잎은 줄기를 따라서 잘라내 준다. 그리고 피지 못한 꽃잎을 손가락으로 부드럽게 두드려 주면 꽃이 벌어지는 것에 도움을 줄 수 있다.

적절한 식물영양제 알뿌리 식물용 절화 보존제를 사용하는 것도 꽃이 피는 것에 도움을 줄 수 있다. 이러한 절화보존제에는 대체 호르몬('replacement' hormones)을 포함하고 있으며 설탕의 농도가 낮아서 꽃잎이 노랗게 되는 것을 방지해 준다.

에틸렌 민감성 없음

DID YOU KNOW?

플뢰르 드 리스(Fleur de-lis)는 6세기 이후 프랑스의 상징이 되어왔다. 이 꽃은 또한 종교적인 상징으로 떠받들어져 왔으며 수 세기 동안 건축과 장식에 사용되어 왔다.

국화
chry·san·the·mum

chrysanthemum 크리센티멈

학명 *Dendranthema* X *grandiflorum*
발음 덴드란터마 그란디플로럼
통칭 크리센티멈(chrysanthemum), 멈(Mum)

생김새

국화는 설상화(ray flower, 꽃잎처럼 생긴 꽃받침)와 가운데에 작은 꽃들이 있는 관상화가 결합한 두상화서로 되어 있으며 형태와 크기가 다양하다. 한 개의 꽃이 피는 줄기(표준형)와 여러 개의 꽃을 가진 줄기(spray, 스프레이)로 나눌 수 있다. 꽃의 형태는 데이지 모양과 거미/후지(spider/Fuji), 쿠션, 단추, 숟가락 끝/바람개비, 깃 끝(quill tip) 등이 있으며 이보다 더 다양한 형태가 있다.

컬러

청록색, 파란색, 남보라색을 제외한 모든 색이 있으며 이중색도 마찬가지이다.

절화 수명

길다

주의 사항

줄기의 처리 국화의 줄기 끝이 뭉개지거나 잘리지 않도록 주의한다. 상처를 입은 줄기는 물 올림에 지장을 받게 된다. 줄기 끝을 잘 드는 칼로 잘라내는데 이때 목질화된 부분은 모두 잘라낸다.

잎의 황화와 제거 국화 잎들은 너무 빠르게 노랗게 변할 수 있다. 절화보존제 용액을 적정한 농도로 사용하면 이것을 방지하는 데 도움이 된다. 보관 중에는 물 윗부분의 줄기에 달린 잎들은 그대로 두고 꽃꽂이를 할 때에 추가로 잎을 제거하면 된다.

에틸렌 민감성 없음

DID YOU KNOW?

국화는 B.C. 500년 이전 중국에서 유래하였으며 A.D. 400년 일본에 소개된 후 일본 왕실의 상징화가 되었다. 국화 왕좌(thorn)는 가장 오래된 왕조의 하나인 일본 왕실의 왕좌를 대신하는 일반 용어가 되었다.

극락조화
bird-of-par·a·dise

bird-of-paradise 버드오브파라다이스

학명 *Strelitzia reginae*
발음 스트렛리치아 레지니
통칭 버드오브파라다이스(Bird-of-paradise), 크레인 플라워(Crane flower)

생김새

꽃머리는 배 모양의 포엽(bract)이며 이곳에서 끝이 뾰족한 새의 깃털처럼 생긴 꽃들이 밖으로 뻗쳐 나온다. 각각의 꽃들은 혀(tongue)라고 불리는 파랑거나 자주색의 구조물을 가지고 있다. 포엽들은 잎이 달리지 않은 매끄러운 줄기의 끝에 90도 혹은 그 이하의 각도로 연결되어있다.

컬러

· 파란색/보라색의 혀를 가졌으며 주황색에서 노랑주황색까지.
· 포엽은 가장자리가 붉으며 회색을 띤 녹색부터 자줏빛을 띤 녹색까지.

절화 수명

길다

주의 사항

보관 온도 극락조화는 아열대성 식물이다. 따라서 다소 낮은 온도에 민감하다. 보관할 때는 7℃~13℃에 보관한다. 만일 7℃ 이하의 온도에 보관하면 꽃잎과 포엽 위에 갈색 병변이 생기게 되고 꽃이 제대로 된 모양으로 피지 못하게 되는 원인이 된다.

손으로 꽃 피우기 만일 포엽으로 부터 꽃잎이 잘 나오지 못하면 손으로 한 번에 하나씩 부드럽게 잡아당겨 뽑아낼 수 있다. 일부 전문가들은 꽃이 포엽으로부터 쉽게 나올 수 있도록 꽃머리를 미지근한 물에 약 20분간 푹 담가두거나 혹은 포엽을 칼로 잘라주는 것을 권장하기도 한다.

에틸렌 민감성 없음

DID YOU KNOW?

극락소화는 새들에 의해서 수분되는 많지 않은 식물 중의 하나이다. 그러나 통칭이 만들어진 것은 활짝 핀 꽃의 모양이 볏이 달린 새의 머리 모양과 날아가는 새의 날개를 닮았다고 하여 붙여진 것이다.

008

글라디올러스
glad·i·o·lus

gladiolus 글라디올러스

학명 *Gladiolus* spp.
발음 글라디올러스
통칭 스워드 릴리(Sword lily), 콘 플래그(Corn flag)

생김새

큰 꽃을 가진 글라디올러스는 보통 한 줄기에 10개~16개의 깔때기 모양의 꽃과 봉오리를 가졌으며 미니 글라디올러스(버터플라이)는 7개를 넘지 않는다. 모든 꽃은 대개 꽃잎의 가장자리가 곱슬곱슬한데, 미니 글라디올러스의 꽃은 종종 얼룩진 색을 띠고 있다. 글라디올러스의 잎은 칼처럼 생겼으며 줄기의 끝 부분과 서로 감싸고 있는 모습이다.

컬러

빨간색, 핑크색, 진홍색, 주황색, 복숭아색, 살구색, 노란색, 녹색을 띤 노란색, 연보라색, 자주색, 이중색

절화 수명

보통

주의 사항

제대로 물주기 불소성분이 섞이지 않은 물에 절화보존제를 탄 용액을 준비한다. 글라디올러스는 불소에 매우 민감한데 불소는 꽃잎 끝이 변질되는 원인이 되고 꽃이 잘 피고 활짝 벌어지지 못 하게 하며 봉오리의 집을 타게 한다.

휘어지는 것 대처 글라디올러스는 굴지성(지구의 중력에 작용)이다. 따라서 보관할 때는 꽃의 끝이 휘어지지 않도록 수직으로 세우고 1℃~2℃의 온도에서 냉장 보관한다.

에틸렌 민감성 있음

DID YOU KNOW?

통칭으로 '글라디올라(gladiola)'가 종종 사용되는데 이것은 발음이 '글라디올러스(gladiolus)'와 비슷하여 잘못 사용되고 있는 것이다. 공식 영어에서는 '글라디올라'와 '글라디올러스'는 연관이 없는 단어이다. 제대로 된 '글라디올러스(gladiolus)'의 복수형은 '글라디올리(gladioli)'이다.

009

금어초
snap·drag·on

snapdragon 스냅드래곤

학명 *Antirrhinum majus*
발음 안티리넘 메이어스
통칭 스냅드래곤(Snapdragon)

생김새

금어초는 긴 꽃대에 여러 개의 꽃이 피는 수상화서의 꽃으로 키가 크고 얇으며, 잎이 없는 줄기의 윗부분에 작은 꽃잎들이 피어난다. 금어초는 꽃의 모양이 헤엄치는 금붕어를 닮았다고 해서 붙여진 이름이다. 금어초의 영문명은 스냅드래곤인데 각각의 꽃잎들이 용의 입을 닮았다고 해서 그렇게 불린다.

컬러

빨간색, 진홍색, 자홍색, 핑크색, 주황색, 복숭아색, 살구색, 노란색, 자주색, 연보라색, 흰색, 상아색, 이중색

절화 수명

보통

주의 사항

조명을 켜 둘 것 금어초를 보관할 때 냉장고 안의 조명을 켜둔다. 그렇지 않으면 꽃의 색이 급격하게 변할 수 있다.

수직으로 세워서 보관 금어초는 중력의 영향을 받는 굴지성이다. 따라서 줄기를 수평으로 혹은 사선으로 보관하면 꽃의 끝 부분이 위로 굽게 되므로 항상 키가 큰 용기에 수직으로 세워서 보관한다.

잎 제거는 필요한 만큼만 꽃이 떨어지는 것을 촉진할 수 있으니 필요한 것 이상으로 잎을 모두 제거하지 않도록 한다(물속에 잠기는 것만 제거).

에틸렌 민감성 있음

DID YOU KNOW?

꽃잎의 옆 부분을 손가락으로 부드럽게 비틀어서 용의 입이 벌어졌다 닫혔다 하는 것을 보여줌으로써 고객들 특히 어린이들을 즐겁게 해 줄 수 있다.

나리
lil·y

lily 릴리, 백합

학명 *Lilium* x *hybrida*
발음 릴리움 하이브리다
통칭 릴리(Lily)
품종의 분류
· Asiatic hybrid lily 아시아틱 나리
· Oriental hybrid lily 오리엔탈 나리
· LA(longiflorum/Asiatic)hybrid lily
· LO(longiflorum/Oriental)hybrid lily
· OT(Oriental/trumpet)hybrid lily

생김새

백합은 여섯 개의 꽃잎을 가진 나팔 모양의 꽃으로 잘 키우면 꽃잎이 활짝 벌어진다. 크기는 품종에 따라서 다양하다.

컬러

빨간색, 핑크색, 진홍색, 주황색, 복숭아색, 살구색, 노란색, 흰색, 크림색, 황갈색, 이중색

절화 수명

보통

주의 사항

적절한 식물영양제 교배종 백합들은 뿌리에서 잘릴 때 호르몬 불균형을 겪게 된다. 이러한 불균형은 잎이 노랗게 변하고 꽃봉오리가 활짝 피지 못하게 되거나, 색깔이 선명하지 못하고, 절화 수명이 단축되는 등의 원인이 된다. 천연 식물호르몬을 포함하고 있는 알뿌리 식물용 절화보존제를 사용하여 이런 문제를 해결하도록 하고 구입할 때는 재배단계와 유통단계에서 이런 호르몬 균형을 유지하도록 하는 처리가 되었는지 확인한다.

에틸렌 민감성 있음

DID YOU KNOW?

백합에 닿게 되면 꽃가루가 묻을 수 있으므로 꽃이 활짝 벌어지면 즉시 꽃밥을 모두 제거한다. 만일 꽃가루가 옷감이나 천에 묻으면 털이 달린 깨풀나무(cheniles) 줄기로 가볍고 부드럽게 털어낸다.(깨풀나무를 구할 수 없다면 부드러운 천을 사용해도 된다) 천을 젖게 하거나 손으로 만지지 않도록 한다. 만일 꽃가루의 색이 아직 남아 있다면 얼룩이 없어질 때까지 햇빛이 비추는 바깥에 놓도록 한다.

다알리아
dahl·ia

dahlia 다알리아

학명 *Dahlia* spp.
발음 다알리아, 돌리아
통칭 없음

생김새

다알리아는 잎이 없는 각각 줄기에 한 개씩의 꽃이 달리며 꽃은 지름 10~30cm까지 있다. 미국 다알리아협회(The American Dahlia Society)는 꽃머리의 형태와 크기에 따라서 20개의 다알리아를 분류하여 정하였으며 여기에는 아네모네(anemone)와 볼(ball), 콜라렛(colarette), 데코러티브(decorative), 피어니(peony), 폼폰(pompon) 등이 있다.

컬러

청록색, 파란색, 남보라색을 제외한 모든 색이 있으며 이중색도 마찬가지이다.

절화 수명

보통

주의 사항

보관 온도 다알리아는 추위에 민감하다. 따라서 보관 시 냉장고의 온도는 4℃~10℃로 한다.

큰 꽃 지탱하기 어떤 종들의 너무 큰 꽃들은 속이 비어있는 줄기가 버티기에 힘들 수 있다. 이렇게 꽃이 큰 품종들을 사용할 때는 철사나 나무막대로 줄기를 보강해서 사용하거나 탄탄한 디자인을 원할 경우 목이 휘어지지 않도록 짧게 잘라서 사용한다.

에틸렌 민감성 없음

DID YOU KNOW?

다알리아의 각각의 '꽃잎(petal)'들은 다른 국화과(데이지, 해바라기)의 꽃들이 그런 것처럼 그 자체가 하나씩의 완전한 꽃이다. 다알리아는 실제로는 하나의 화관에 많은 개별적인 꽃들이 모여서 만든 두상화서이다.

델피니움
del·phin·i·um

delphinium 델피니움

학명 *Delphinium* spp.
발음 델피니움
통칭 벨라도나 델피니움(Belladonna *Delphinium*)
　　　 퍼시픽 하이브리드 델피니움(Pacific hybrid *Delphinium*)

생김새

델피니움 꽃잎의 뒷부분은 돌고래의 코처럼 생겼다. 벨라도나 품종(hybrid 교배종)은 보통 홑꽃이며 줄기에 가지가 달려있다. 퍼시픽 하이브리드는 홑꽃 혹은 겹꽃들이 더 조밀하게 밀집되어 있으며 줄기에는 가지가 없다.

컬러

베라도나 교배종 밝은 파란색과 어두운 파란색, 흰색
퍼시픽 교배종 밝은 파란색, 어두운 파란색, 흰색, 크림색, 연보라색, 보라색, 흰색이 섞이고 가운데가 갈색이거나 검은 자주색

절화 수명

보통

주의 사항

매일 줄기 자르기를 한다 델피니움의 줄기는 쉽게 유상조직화(딱딱하게)되는 경향이 있다. 따라서 매일 2.5cm 정도 줄기를 다시 잘라주어서 물 올림을 좋게 해준다. 또한, 이와 동시에 절화보존제 용액을 갈아주고 화기를 깨끗하게 청소한다.

부러진 줄기에 부목 대주기 델피니움의 줄기는 쉽게 부러지는 경향이 있다. 만일 줄기가 굽었거나 부러지게 되면 줄기의 지름에 따라서 적절한 크기의 철사나 얇은 막대기를 줄기 안으로 넣어서 문제를 해결하도록 한다. 줄기의 표면에 구멍이 뚫어져 있거나 심각한 손상이 아니라면 시들지는 않는다.

에틸렌 민감성 보통

DID YOU KNOW?

식물학자들은 큰제비고깔(larkspur, 락스퍼)을 델피니움 속에 포함시키곤 했지만, 오늘날 이것들은 별도로 콘솔리다 속(Consolida)으로 분류한다. 키우는 방법은 델피니움과 같다.

라넌큘러스
ra·nun·cu·lus

ranunculus 라넌큘러스

학명 *Ranunculus asiaticus*
발음 레눈큘러스 아시아티쿠스
통칭 페르시안 버터컵(Persian buttercup)

생김새

라넌큘러스는 컵처럼(혹은 사발처럼) 생긴 꽃으로 외겹 혹은 겹꽃을 형성한다. 대부분의 절화용 품종들은 겹꽃이며 종이처럼 생긴 여러 층의 꽃잎을 가졌으며 작은 작약을 닮았다. 줄기는 속이 비었고 잘 부러지는데 두 겹 혹은 세 겹으로 분할되는 잎을 가졌다.

컬러

빨간색, 장미색, 핑크색, 오렌지색, 노란색, 흰색, 이중색

절화 수명

짧다

주의 사항

신속히 판매 라넌큘러스는 따뜻한 온도의 환경에 매우 민감하지만 꽃냉장고 속에서도 잘 견디지 못한다. 1℃~3℃에 보관하되 2일 이상을 보관하지 않는 것이 상책이다. 따라서 많은 양을 구입하지 말고 필요한 만큼만 조금씩 구매한다.

줄기 곧게 펴기 가는 줄기를 곧게 펴기 위해서는 포장을 벗겨 내고 냉장고에 넣기 전에 최소한 1시간 정도 포장된 상태로 물 올림을 한다. 다른 방법으로는 꽃꽂이할 때 비어있는 줄기 안에 에나멜 처리가 된 철사나 셔닐실을 감은 줄기를 넣어서 사용한다.

에틸렌 민감성 있음

DID YOU KNOW?

라넌큘러스에서 발견할 수 있는 화합물(Compounds)은 관절염과 좌골 신경통, 류머티즘, 각종 피부질환의 자연요법 치료제로 사용된다.

라일락
li·lac

lilac 라일락

학명 *Syringa vulgaris*
발음 시링가 불가리스
통칭 라일락(Lilac)

생김새

라일락의 작고 별 모양을 한 꽃들은 키가 크고 나무 같은 줄기의 꼭대기에 피라미드 형태로 빽빽하게 밀집되어서 핀다. 꽃들은 달콤하고 부드러운 향을 가졌다.

컬러

자주색, 연보라색, 담자색, 핑크색, 흰색

절화 수명

보통

주의 사항

부딪히지 않게 하기 라일락의 나무처럼 생긴 줄기는 두드리거나 세게 부딪혀도 쉽게 부러지거나 망가지지 않는다고 널리 알려진 것과는 달리 그렇게 되면 줄기 내의 관다발계가 손상을 입게 되고 물올림을 방해하게 된다. 다른 꽃들과 마찬가지로 2일에 한 번씩 절화보존제 용액을 갈아주고 줄기 다시 자르기를 실시한다.

물 공급 라일락은 매우 목마른 꽃이므로 매일 화기 속의 절화보존제 용액(물)의 양을 체크한다.

꽃 빨리 시드는 현상 절화 라일락의 경우 꽃이 빨리 시드는 것이 일반적이다. 이런 현상은 미생물들이 줄기 끝을 막았을 때에만 생기는 것이 아니라 식물체 스스로 에틸렌 가스 등에 반응하여 만들어낸 물질들에 의하여 줄기의 중간 부분이 막히기 때문에 생긴다.

에틸렌 민감성 있음

DID YOU KNOW?

라일락을 절단했을 때 흘러내리는 수액은 화병 내의 다른 꽃들의 절화 수명을 감소시키는 것으로 알려졌다. 따라서 잘라낸 후 최소한 6시간 정도는 다른 꽃들과 함께 섞어서 꽂지 않도록 한다.

루카덴드론
leu·ca·den·dron

leucadendron 루카덴드론

학명 *Leucadendron* spp.
발음 루카덴드론
통칭 콘부쉬(Conebush) (전체 적으로), 실버 트리(Silver tree) (*L. argenteum*만 이렇게 부름)

생김새

일반적으로 꽃머리 부분은 원뿔 모양(암컷) 혹은 눈에 잘 띄지 않게 생긴(수컷) 꽃들과 이것들을 둘러싼 뻣뻣한 포엽(bract)들로 구성되어있다. 얇고 나무 같은 줄기는 가죽 느낌이 나며 밀집되어 꽉 들어찬 잎들로 덮여 있다.

컬러

빨간색, 진홍색, 노란색, 녹색과 빨간색, 노란색, 녹색, 은색, 이중색

절화 수명

길다

주의 사항

물 공급 루카덴드론은 물을 많이 마시는 식물이므로 보관 용기의 절화보존제 용액(물)의 양을 자주 체크하고 보충해 주어야 한다. 물이 말라 탈수상태가 되면 꽃의 절화수명이 심하게 줄어들 수 있다.

잎이 검게 변하는 현상 절화보존 용액을 사용한다. 절화보존제에 섞인 당분은 잎이 검게 변하는 것을 지연시킨다. 잎이 검게 변하는 것은 흔한 현상이다. 빛의 양이 적거나 더운 환경에서는 더 쉽게 잎이 검게 변하므로 냉장보관 중에도 충분하게 빛을 받을 수 있도록 한다.

보관 온도 루카덴드론은 남아프리카 아열대 지역이 원산지이지만 추위에 민감하지 않으므로 1℃~2℃의 온도에 냉장 보관할 수 있다.

에틸렌 민감성 없음

DID YOU KNOW?

루카덴드론의 꽃머리가 독특한 아름다움으로 충분하게 진가를 인정받기 전까지 유럽에서는 주로 꽃꽂이를 할 때 꽃의 배경 재료로 사용되었다.

루코스페르멈
leu·co·sper·mum

leucospermum 루코스페르멈

학명 *Leucospermum* spp.
발음 루코스페르멈
통칭 핀쿠션(Pincushion)

생김새

루코스페르멈은 일반적으로 매우 밀집되게 뭉쳐있으며 긴 돌출된 형태의 많은 꽃으로 이루어진 구 모양의 꽃머리를 가졌는데 이 모양이 바늘꽂이처럼 보이게 만들었다. 줄기는 나무 같으며 짧고 뻣뻣한 가죽 같은 잎들이 가득하다.

컬러

빨간색, 붉은 오렌지색, 오렌지색, 노란색. 간혹 이중색을 띠기도 하는데 그 이유는 꽃과는 다른 색을 가진 암술대와 서로 다른 색을 가진 끝 부분과 줄무늬 때문이다.

절화수명

보통

주의 사항

잎이 검게 변하는 현상 반드시 절화보존제 용액을 사용해야 한다. 절화보존제에는 당분이 포함되어있는데 이것이 잎이 검게 변하는 것을 지연시킨다. 잎이 검게 변하는 것은 흔한 현상이다. 빛의 양이 적거나 더운 환경에서는 더 쉽게 잎이 검게 변하므로 냉장보관 중에도 충분하게 빛을 받을 수 있도록 한다.

보관 온도 남아프리카 아열대 지역이 원산지이지만 핀쿠션은 추위에 민감하지 않으므로 1℃~2℃의 온도에 냉장 보관할 수 있다.

꽃 말리기 루코스페르멈은 드라이플라워로 만들 수 있는데 시원하고 건조하며 바람이 잘 통하는 어두운 방에 위나 아래로 향하도록 말리거나 혹은 건조한 화기 속에서 그대로 말리기도 한다.

에틸렌 민감성 보통

DID YOU KNOW?

핀쿠션은 *Proreaceae* 종의 계열이므로 프로테아(*Proteas*)와 관련이 있다. 그러나 프로테아 속과는 전적으로 다른 속을 구성하였으므로 핀쿠션 프로테아 (Pincushion *Proteas*)로 언급되어서는 안된다.

리시안서스
lis·i·an·thus

lisianthus 리시안서스

학명 *Eustoma*, syn. *Lisianthus*
발음 유스토마, 리시안서스
통칭 프레리 젠시안(Prairie gentian), 텍사스 블루벨(Texas bluebell)

생김새
홑꽃(single-flower)인 리시안서스의 꽃은 컵 혹은 튤립처럼 생겼으며 겹꽃과 세 겹꽃의 경우에는 가든 로즈(garden roses)를 닮았다. 지름 5cm 정도의 꽃들은 가지가 달린 가는 줄기 끝에 회색을 띤 녹색 잎들과 함께 피어난다.

컬러
흰색과 파스텔 핑크색, 밝은 핑크색, 연보라색, 자주색, 노란색, 연어살색/산호색, 녹색, 이중색

절화 수명
길다

주의 사항
적절한 손질 줄기와 디자인이 단정해 보이고 또한 다른 봉오리들이 잘 피어날 수 있도록 시든 꽃잎을 제거해준다. 봉오리들은 꽃이 다 피었을 때의 색보다 약간 옅은 색으로 피어난다. 봉오리들을 제거해주면 주요 꽃들이 더 오래가는데 도움을 준다.

꽃 말리기와 질병 관리 회색 조각들이 잎 위에 나타나는 잿빛곰팡이가 생길 수 있으므로 보관할 때 잎 위에 물을 분무하지 말고 또한 포장할 때 너무 빽빽하게 묶지 않도록 하고 줄기 사이에 통풍이 잘되는지 확인하도록 한다.

에틸렌 민감성 있음

DID YOU KNOW?
리시안서스는 굴지성(중력의 영향을 받는) 식물이라서 사선으로 혹은 수평으로 눕혀서 보관하면 위로 휘어지는 경향이 있다.

리아트리스
li·a·tris

liatris 리아트리스

- **학명** *Liatris spicata*
- **발음** 리아트리스 스피케이타
- **통칭** 게이페더(Gayfeather), 블레이징 스타(Blazing star), 버튼 스네이크루트(Button snakeroot)

생김새
리아트리스는 바늘처럼 생긴 꽃잎들을 가진 꽃들이 촘촘히 밀집되고 줄기를 둘러싸서 날씬한 수상꽃차례(spikes)를 형성하였다. 보통 줄기는 키가 크고 얇으며 뻣뻣하고 못 혹은 창처럼 생긴 잎들로 덮여 있다.

컬러
자주색, 연보라색, 붉은 보라색, 흰색

절화 수명
보통

주의 사항
잎의 황화와 제거 리아트리스 잎은 탈수되거나 회색 곰팡이가 퍼지면 아주 빠르게 잎이 노랗게 변할 수 있다. 보관하거나 꽃꽂이를 할 때 물속에 잠기게 되는 부분의 잎을 모두 제거하는 것을 잊지 않는다. 물속에 잠긴 잎은 식물영양제 용액을 빠르게 오염시킨다.

적절한 영양분 물론 대부분의 꽃이 적절한 비율의 절화보존제 용액을 사용하는 것은 중요한 일이지만 특별히 리아트리스의 경우에는 이삭에 있는 꽃들이 모두 활짝 피게 하기 위해서는 필수적이다.

에틸렌 민감성 없음

DID YOU KNOW?
대부분의 길쭉한 선처럼 생긴 수상화서(spike)들과는 달리 리아트리스 꽃은 줄기의 꼭대기에서부터 피기 시작해서 아래로 내려온다.

마거리트
mar·gue·rite

marguerite 마거리트, 데이지

학명 *Argyranthemum frutescens*
발음 아기란더멈 푸루테센스
통칭 마거리트(Marguerite), 패리스 데이지(Paris daisy)

생김새

마거리트는 한 줄의 꽃잎들(ray flower)이 가운데 부분(disk flower)을 둘러싸고 있는 전형적인 노란색 중심부를 가진 데이지이다.

컬러

흰색, 노란색, 핑크색

절화수명

보통

주의 사항

절화보존제 당분은 마거리트에게 별로 도움이 되지 않기 때문에 당분이 적게 들어간 저용량 절화보존제를 사용한다. 만일 당분이 너무 많이 들어간 절화보존제를 사용하면 잎이 노랗게 변하는 원인이 될 수 있다.

세심한 관리 마거리트가 담긴 절화보존제 용액에시는 종종 악취가 난다. 따라서 최소한 2일에 한 번 용액을 갈아주고 줄기를 씻어 주고, 줄기 다시 자르기를 실시하며 이때 용기도 깨끗하게 씻는다.

에틸렌 민감성 없음

DID YOU KNOW?

마거리트는 데이지라는 뜻의 프랑스어이다. 데이지라는 말의 어원은 앵글로색슨 어의 고대 영어의 *daegers eage*이며, 뜻은 태양의 눈(day's eye)인데 그 이름이 붙여진 이유는 데이지가 이른 아침에 피기 때문이다.

020

미국미역취
sol·i·da·go

solidago 솔리다고

학명 *Solidago* spp.
발음 솔리데이고
통칭 골든랏(Goldenrod)

생김새
미국미역취는 가지가 있으며 아치 모양의 기둥에 작은 꽃들이 피라미드 형태로 밀집되어 있다. 키가 크고 가는 줄기는 타원형에서 창 모양 까지 다양한 형태의 잎을 가지고 있으며 가장 긴 잎은 줄기의 가운데 부분에 생긴다.

컬러
노란색, 금색을 띤 노란색

절화 수명
보통

주의 사항
잎의 황화와 제거 미국미역취의 잎은 종종 쉽게 노랗게 변하지만, 화원에서 이를 대처할 방법이 별로 없다. 그렇지만 보관할 때 물속에 잠기지 않는 부분의 잎들은 그대로 남겨두는 것이 매우 중요하다. 필요하다면 꽃꽂이를 할 때 남은 잎을 제거한다.

드라이플라워 만들기 미국미역취는 꽃의 상태가 좋다면 드라이플라워로 만들 수 있다. 7~8개의 줄기를 묶어 한 다발로 만들고 건조하고 바람이 잘 통하며, 어두운 방에 완전히 마를 때까지 위가 아래로 향하도록 매달아 둔다. 방안의 온도는 따뜻하거나 시원하거나 관계없다.

에틸렌 민감성 없음

DID YOU KNOW?

알려진 것과는 달리 미국미역취는 알레르기를 일으키지 않는다. 이 꽃의 꽃가루는 무거워서 바람에 의해 쉽게 이동하지 못한다. 가벼워서 바람으로 옮겨지는 돼지풀 Ragweed(Ambrosia)의 꽃가루가 알레르기 반응(건초열)을 일으키는 것으로 잘 알려져 있다.

뱅크시아
bank·si·a

banksia 뱅크시아

학명 *Banksia* spp.
발음 뱅크시아
통칭 오스트리안 허니서클(Austrian honeysuckle)은 모든 뱅크시아를 총칭하는 일반 이름이며 각각의 종마다 독특한 통칭이 있다.

생김새
뱅크시아는 작은 꽃들에 둘러싸인 둥글거나 혹은 도토리 모양을 한 커다란 원통형 꽃머리를 가지고 있다. 잎들은 일반적으로 가늘고 길고 뻣뻣하며 끝은 섬세하게 생긴 톱니 모양으로 삐죽삐죽하게 생겼다. 줄기는 굵고 나무처럼 생겼다.

컬러
빨간색, 오렌지색, 노란색, 금색, 녹색, 흙색

절화 수명
길다

주의 사항
습기로 인한 부패 주의 꽃머리 부분 위에 작은 꽃들이 밀집되어 있기 때문에 물이 고여 있으면 쉽게 썩을 수 있다. 따라서 꽃머리 부분이 물에 젖지 않도록 한다.

보관 온도 뱅크시아는 호주의 남아프리카 공화국의 아열대 지방이 원산지이지만 낮은 온도에 그리 민감하지는 않으므로 1℃~3℃의 온도로 냉장 보관할 수 있다. 일부 전문가들은 높은 온도에서 보관할 것을 권장하지만 이러한 주장을 뒷받침하는 과학적인 자료는 충분하지 않다.

드라이플라워 만들기 뱅크시아는 드라이플라워를 만들기에 적합한 꽃이다. 화기에 똑바로 세워둔 채로 말려도 되고 각각의 꽃을 머리가 아래로 향하게 해서 말려도 된다. 말릴 때는 시원하고 어두운 방에서 완전히 마를 때까지 습기가 차지 않도록 하며 바람이 잘 통하도록 한다.

에틸렌 민감성 없음

DID YOU KNOW?
뱅크시아는 품종에 따라서 화병 속의 용액에 담가두었을 때 그 색이 변하기도 한다. 이것은 자연스러운 현상이며 식물의 노화와는 별 관련성이 없다.

서양란
or·chid

orchid 오키드

학명 *Arachnis, Cattleya, Cymbidium, Dendrobium, Moraka, Oncidium, Paphiopedilum, Phalaenopsis, Vanda*
발음 아라크니스, 카틀레아, 심비디움, 덴드로비움, 모라카, 온시디움, 파피오페딜럼, 팔레놉시스, 반다

생김새

서양란은 그 종류나 크기, 꽃의 형태와 관계없이 모든 꽃이 6개의 꽃잎을 가지고 있는데 이것들은 사실 세 개의 꽃받침과 두 개의 꽃잎, 세 번째로 순판(lip)을 형성하는 또 한 개의 꽃잎이다.

컬러

품종에 따라 차이가 있지만, 전체적으로 볼 때 서양란은 사실상 청록색과 파란색을 제외한 거의 모든 색을 가지고 있다. 대부분은 이중색이며 꽃잎이나 순판에 점이나 얼룩을 가지고 있다.

절화 수명

길다

주의 사항

보관 온도 대부분의 절화 서양란은 추위에 민감하므로 13℃~15℃의 온도에 보관한다. 그러나 심비디움의 경우에는 6℃~13℃의 온도에서 보관하는 것이 좋다.

꽃밥 주의 꽃밥의 머리 부분(좁은 통로 안의 가운데 기둥에 달린)이 상하거나 제거되지 않도록 주의한다. 이것이 상하면 빨리 시들게 되고 에틸렌 가스 발생을 촉진하기 때문이다.

에틸렌 민감성 품종에 따라 다르다. 카틀리아와 심비디움, 팔레놉시스는 에틸렌 가스에 대하여 민감하거나 매우 민감한 편이며 덴드로비움과 온시디움은 약간의 영향을 받거나 거의 영향을 받지 않는다.

DID YOU KNOW?

대부분의 서양란은 착생(기생)식물이거나 공중 식물로서 다른 식물이나 나무 위에 붙어서 자란다. 이들은 수분과 영양분을 공기를 통하여 흡수한다. 예외적인 것들은 심비디움과 팔레놉시스인데 이들은 땅에서 자라는 지생식물이다.

수국
hy·dran·gea

hydrangea 하이드레인지아

학명 *Hydrangea macrophylla*
발음 하이드레인자 마크로필라
통칭 호텐시아(Hortensia)

생김새

맙헤드 하이드레인지아(Mophead Hydrangea)는 작고 평평한 네 개의 꽃잎이 줄기 끝에 밀집되어 커다랗고 둥근 덩어리로 피어난다. 레이스캡 하이드레인지아(Lacecap Hydrangea)는 작고 둥근 꽃들이 모여 밀집된 가운데 부분을 가지고 있는데 작은 베리(산딸기류 열매)들을 닮았으며 더 커다란 4개의 꽃잎을 가진 꽃들에 둘러 쌓여있다.

컬러

흰색, 핑크색, 라일락색, 파란색, 녹색, 갈색의 이중색

절화 수명

보통

주의 사항

물 공급 수국은 물을 매우 많이 필요로 하며 그렇지 않으면 쉽게 시들 수 있다. '하이드레인지아 Hydrangea'의 그리스어의 어원은 물을 뜻하는 'hydro/hydra'에서 왔는데 이것은 이 식물이 물을 얼마나 많이 필요한지를 나타내 준다. 매일 절화보존제 용액의 양을 살펴보고 2일에 한 번씩 갈아주고 (줄기를 부러트리거나 으깨지지 않도록) 줄기의 목질 부분을 다시 잘라준다. 자주 분무해 주는 것은 방안의 온도에 잘 견디도록 하는 데 도움이 된다. 꽃에 증산억제제가 섞인 물을 분무하는 것도 절화 수명을 길어지게 할 수 있다.

손질 요령 시든 꽃들은 집어낸다.

에틸렌 민감성 있음

DID YOU KNOW?

신품종들은 유전자 재조합을 통하여 특정한 색을 만들 수 있지만 어떤 수국의 색은 토양의 산성과 알칼리성에 따라서 결정된다(산성에서는 파랑, 알칼리성에서는 핑크). 재배자들은 염료를 흡수시켜서 수국의 색을 변형시키기도 한다.

수선화
nar·cis·sus

narcissus 나르시서스

학명 *Narcissus* spp.
발음 나르시서스
통칭 데포딜(Daffodil), 존퀼(Jonquil), 페이퍼 화이트(Paper-white)

생김새

모든 수선화의 꽃은 나팔 모양의 컵(혹은 왕관)의 밑 부분에서 방사형으로 뻗쳐 나오는 꽃잎들을 가지고 있다. 홑꽃 품종들은 6개의 꽃잎을 가졌으며 겹꽃 품종들은 12개 혹은 그 이상의 꽃잎을 가졌다. 꽃들은 줄기의 끝에 달렸으며 활짝 피었을 때 줄기와 직각을 이루게 된다(약 90도). 꽃이 커다란 품종들은 각각 줄기에 하나씩의 꽃을 매달고 있고 작은 꽃 품종들(polianthus Narcissi)은 각 줄기에 꽃들이 무리지어 피어난다. 줄기는 속이 비었으며 잎이 달리지 않는다.

컬러

꽃잎은 노란색, 오렌지색, 복숭아색, 핑크색, 흰색, 크림색이며 컵(왕관)은 노란색과 오렌지, 복숭아색, 연어살색, 핑크색, 흰색, 크림색, 이중색이다.

절화 수명

짧음

주의 사항

독성 주의 수선화는 최초에 줄기를 절단했을 때 끈적끈적한 물질이 흐르게 되는데 이것은 다른 식물들에 해를 끼치므로 작업하는 동안에 다른 꽃들과 격리하도록 한다. 최소한 6시간 동안은 별도의 용기에 보관하고 그 이후 해로운 수액이 빠져나가면 꽃꽂이에 사용하거나 다른 꽃들과 함께 두어도 좋으며 이후 줄기 다시지르기를 해도 다른 식물들에 해를 주지 않는다.

에틸렌 민감성 있음

DID YOU KNOW?

수선화는(다른 봄에 판매하는 알뿌리 식물들도 마찬가지) 꽃이 화원에 도착하면 2일 이내에 판매하도록 한다. 절화수명이 5일 이하인 수선화를 2일 이상 화원에서 보관하게 되면 실제로 판매되었을때 고객들이 수선화를 볼 수 있는 기간이 매우 짧기 때문이다.

025

숙근안개초
ba·by's breath

baby's breath 베이비스 브리스

학명 *Gypophila paniculata*
발음 집소필라 파니큘라타
통칭 베이비스 브리스(Baby's breath)

생김새
줄기의 끝에 한 무리의 가지가 있고 그 끝마다 작고 앙증맞은 꽃들이 무리 지어 (panicle, 원추 꽃차례) 피어있다. 꽃의 크기와 빽빽한 정도는 품종에 따라서 다르며 꽃의 형태는 홑겹과 양겹, 반겹 모두 있다.

컬러
흰색과 옅은 핑크색

절화 수명
보통

주의 사항
에틸렌 가스 주의 숙근안개초는 엘틸렌 가스에 극도로 민감하여 빨리 시들게 되거나 반투명한 꽃이 된다. 구입할 때에는 재배단계에서와 운반과정 모두에서 에틸렌 억제제로 처리되었는지 확인하고 보관할 때에도 과일이나 시들어가고 있는 꽃과 잎들로부터 멀리하도록 한다.

용액의 오염 당분을 섞은 절화보존제 용액은 쉽게 오염이 되고 냄새가 날 수 있다. 따라서 약 2일에 한 번은 갈아주고 줄기 다시 자르기를 실시한다. 어떤 전문가들은 염소표백제를 식물영양제 용액 약 4ℓ당 티스푼 하나 정도를 섞어주는 것을 권장한다.

에틸렌 민감성 있음

DID YOU KNOW?
미지근한 물을 채운 화기에서 줄기의 전체 다발을 잡고 위아래로 빠르게 흔들어 주면 숙근안개초가 더 빨리 피도록 할 수 있다. 이렇게 하면 꽃잎들이 마치 작은 팝콘처럼 활짝 벌어지게 된다.

스타티스
li·mo·ni·um

limonium 리모니움

학명 *Limonium* spp.
발음 리모니움
통칭 스타티스(Statice), 시 라벤더(Sea lavender), 시 폼 스타티스(Sea-form statice), 컨페티 스타티스(Confetti statice), 저먼 스타티스(German statice)

생김새

스타티스의 종류는 매우 다양하지만, 일반적으로는 많은 수의 작고 얇으며 색이 있는 포엽(bracts)들을 가지고 있으며 이것들이 진짜 꽃(종종 흰색)의 둘레를 감싸고 있다. 무리 지어 있는 꽃들이 가지가 많은 줄기의 끝에 위치하고 있다.

컬러

자주색, 연보라색, 남보라색, 붉은 보라색, 핑크색, 복숭아색, 연어살색, 노란색, 흰색

절화 수명

길다

주의 사항

온도와 환기 잿빛곰팡이와 줄기나 잎이 노랗게 변하는 것이 일반적인 문제들이다. 이러한 현상을 줄이기 위해서는 줄기를 묶어놓은 끈이나 포장지를 벗겨 내고 줄기들이 서로 밀집되게 붙어있지 않도록 하여 줄기 간에 바람이 통하도록 해준다. 또한 규칙적으로 줄기 다시 자르기를 해주고 적절한 절화보존제 용액을 사용하며 냉장고 속에 보관하도록 한다.

꽃 말리기 꽃이 시들지 않았다면 대부분의 종류가 드라이플라워를 만들기에 적합하다. 7~8개의 줄기를 함께 묶고 시원한 장소에서 위가 아래로 향하도록 하고, 건조하고, 통풍이 잘되며, 어두운 방안에 완전히 마를 때까지 보관한다.

에틸렌 민감성 있음

DID YOU KNOW?

동칭인 '시 라벤더(sea lavender)'는 이 꽃의 원래 서식지가 온화한 바닷물이 있는 해안지역의 환경이었기 때문에 붙여진 이름이다. 스타티스는 지금은 사용하지 않는 식물 학명이다.

스토크
stock

stock 스토크

학명 *Matthiola incana*
발음 마티올라 인케이나
통칭 스토크(Stock), 길리플라워(Gillyflower)

생김새
스토크는 지름 3cm 정도 되는 꽃들이 빽빽하게 기둥 모양으로 밀집되어 있다. 홑꽃과 겹꽃이 모두 있지만, 겹꽃이 가장 인기가 있다. 꽃에는 클로버와 비슷한 강한 향이 난다.

컬러
자주색, 연보라색, 붉은색을 띤 보라색, 빨간색, 핑크색, 복숭아색, 옅은 노란색, 크림색, 흰색

절화 수명
보통

주의 사항
줄기 자르기 작업 중 줄기 다시 자르기를 할 때 희끄무레하며 뿌리를 달고 있는 반쯤 목질화 된 줄기 끝의 모든 부분을 제거한다. 관다발계가 손상을 입지 않게 줄기 끝이 뭉개지거나 상하지 않게 주의한다.

숨 쉴 공간이 필요하다 꽃머리와 잎에 잿빛곰팡이가 생기는 것을 방지하기 위하여 보관 용기에 빽빽하게 넣지 않도록 하여 공기가 적절하게 통하도록 해 준다.

자주 손봐 준다 스토크는 금세 불쾌한 냄새가 나기 때문에 최소한 2일에 한 번씩 꽃을 담은 용기를 깨끗하게 씻어주고, 절화보존제 용액을 교체하고, 줄기를 씻어주고, 줄기 다시 자르기를 실시한다.

에틸렌 민감성 있음

DID YOU KNOW?

스토크는 겨자(mustadr, *Crucife rae*, 겨자과)의 한 종류이고 관련 있는 것들은 무, 고추냉이, 순무, 루타베가, 양배추, 케일, 브로콜리, 미나리(radish, horse radish, turnip, rutabaga, cabbage, kale, brocoli and watercress) 등이 있다.

아가판서스
ag·a·pan·thus

agapanthus 아가판서스

학명 *Agapanthus africanus*
발음 아가판서스 아프리카너스
통칭 릴리 오브 더 나일(Lily-of-the-Nile), 아프리칸 릴리(African lily)

생김새
둥근 구 형태의 머리 부분은 작은 꽃잎을 여섯 장 가진 깔때기 모양의 꽃들(20개~50개 정도)이 무리 지어서 구성되어 있는데 이 꽃들은 길고 잎이 없는 부드러운 줄기의 꼭대기에 피어있다.

컬러
옅은 파란색에서 짙은 파란색, 흰색

절화 수명
보통

주의 사항
절화보존제 연구에 의하면 아가판서스는 절화보존제 용액에 들어있는 당분의 영향을 거의 받지 않는 것으로 밝혀졌다. 그러나 보관을 하거나 꽃꽂이를 하기 위해서 담는 그릇에는 박테리아의 증식을 억제하기 위하여 절화 수명연장제를 반드시 사용하도록 한다. 이 꽃들은 뿌리줄기에서 자라기 때문에 알뿌리 식물에 맞도록 만들어진 절화보존제를 사용할 수 있다.

꽃의 손상 꽃봉오리나 꽃이 손상되었다면 이것은 에틸렌 가스에 노출되었다는 것을 의미한다. 따라서 당신이 구매하는 꽃들이 재배 단계에서부터 운반하는 과정까지 에틸렌억제제가 처리되도록 하고 매장에서도 특히 과일들과 같은 에틸렌 가스의 발생원들로부터 떨어지도록 한다.

에틸렌 민감성 있음

DID YOU KNOW?
보통의 *Agapanthus*는 키가 90cm 정도까지 자라며 꽃의 머리 부분은 지름 15cm까지 자라지만 미니종으로 개량된 품종도 구할 수 있다.

아네모네
a·nem·o·ne

anemone 아네모네

학명 *Anemone coronaria*
발음 아네모네 코로나리아
통칭 윈드플라워(Windflower), 윈드 퍼피(Wind poppy)

생김새

아네모네는 컵 모양으로 지름 5cm~8cm까지 벌어지는 양귀비처럼 생긴 꽃을 가진 식물이다. 이 꽃들은 외겹과 반겹(semi double), 양겹(double forms)으로 핀다. 줄기에는 잎이 없다.

컬러

- 가운데가 검은 핑크색, 빨간색, 연보라색, 자주색과 파란보라색
- 가운데가 노랗거나 회색인 흰색

절화수명

짧음

주의 사항

절화보존제 어떤 연구에 의하면 아네모네는 절화보존제 용액에 들어있는 당분의 영향을 거의 받지 않는 것으로 밝혀졌다. 그러나 보관을 하거나 꽃꽂이를 하기 위해서 담는 용기에는 박테리아의 증식을 억제하기 위하여 절화보존제를 사용하도록 한다. 이 꽃들은 덩이줄기(tubers)에서 자라기 때문에 알뿌리 식물을 위하여 제조된 절화보존제를 사용할 수 있다.

줄기 똑바로 세우기 줄기가 곧게 서 있게 하기 위해서는 운반이나 물 올림 시에 재킷 포장을 벗겨 내지 말고 그대로 둔다.

에틸렌 민감성 있음

DID YOU KNOW?

아네모네는 꽃잎을 가지고 있지 않다. 외견상 꽃잎처럼 보이는 것들은 진짜로는 꽃잎들의 색깔과 특성이 있는 꽃받침이다.

아마릴리스
am·a·ryl·lis

amaryllis 아마릴리스

학명 *Hippeastrum* spp.
발음 히피아스트럼
통칭 아마릴리스(Amaryllis), 바르바도스 릴리(Barbados lily)

생김새

아마릴리스의 현란한 꽃들은 트럼펫 모양이며 지름 8cm~20cm까지 다양하다. 각각 줄기 꼭대기에는 일반적으로 3개~5개의 꽃이 핀다. 꽃은 홑꽃과 겹꽃 혹은 세 겹으로 핀다.

컬러

빨간색, 핑크색, 붉은 오렌지색, 복숭아색, 연어살색, 노란색, 녹색, 흰색과 이중색

절화 수명

보통

주의 사항

보관 온도 아마릴리스는 열대지방의 알뿌리 식물이다. 따라서 냉장고 내에서 5℃~10℃ 사이 온도에 보관하는 것이 좋다. 만일 짧은 시간 내에 활짝 핀 꽃을 원한다면 냉장고에서 꺼내어 실내 온도에 보관하면 된다.

끝이 갈라진 채로 두지 말 것 아마릴리스의 줄기 끝은 갈라지거나 휘어지기 쉽다. 이것을 방지하려면 방수테이프로 줄기 끝 부분을 감아주면 된다.

에틸렌 민감성 있음

DID YOU KNOW?

아마릴리스는 새로운 종류의 열대 지방 알뿌리 식물이다. 원산지는 카리브 해 지역과 열대 지방, 아열대 남아메리카(페루와 브라질, 볼리비아, 칠레 아르헨티나)까지이다.

안수리움
an·thu·ri·um

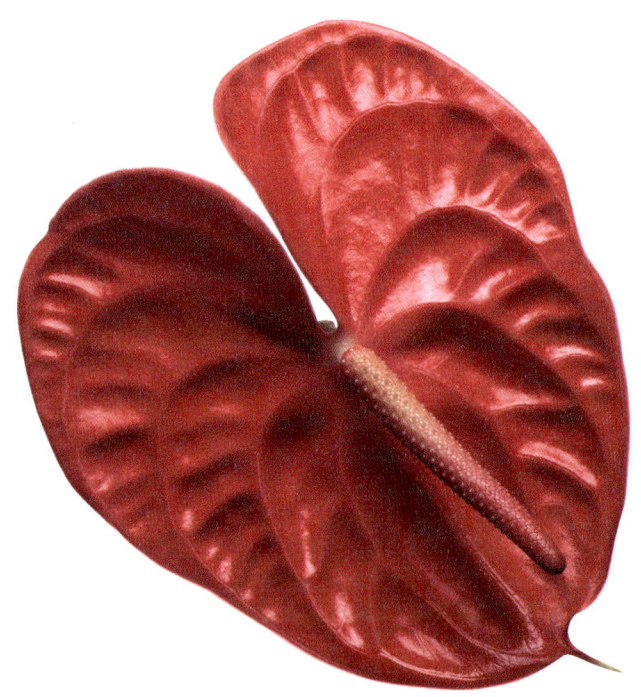

anthurium 안수리움

학명 *Anthurium* spp.
발음 안수리움
통칭 테일플라워(Tailflower), 플라밍고 플라워(Flamingo flower)

생김새

꽃은 평평하며 하트 형태에 색이 있는 불염포(佛焰苞)(spathe, 넓은 잎 모양의 포로 육수(肉穗) 화서의 꽃을 싸는 포가 변형된 것. 토란의 포 따위)로 이루어져 있는데 여기에서 손가락처럼 생긴 육수화서(spadix, 진짜 꽃의 머리)가 돌출되어 있다. 줄기는 가늘고 부드러우며 잎이 없다.

컬러

빨간색, 핑크색, 진홍색, 붉은 오렌지색, 오렌지색, 복숭아색, 연어살색, 연보라색, 자주색, 갈색, 적갈색, 녹색, 보라색, 흰색과 아이보리색, 둘 중의 하나는 녹색을 띠고 있는 이중색

절화 수명

길다

주의 사항

보관 온도 안수리움은 열대지방의 꽃이므로 추위에 매우 민감하다. 보관온도는 13℃~18℃다. 만일 안수리움이 운송되는 시간을 포함하여 장시간 10℃ 이하의 온도에 있게 되면 포엽이(불염포, spathes) 붉은 자주색이나 회색, 검은색으로 변하게 되며 육수화서(spadices)는 갈색으로 변하고 시들게 된다.

물속에 넣기 배달된 안수리움이 탈수되어 있고 시들어 있다면 실내온도와 비슷한 온도의 물속에 꽃의 머리와 줄기가 모두 잠기도록 담그고 두 시간 혹은 그 이상 둔다. 물속에 잠겨있는 동안에 줄기 다시 자르기를 한다.

줄기 막힘 안수리움은 미생물들에 의하여 쉽게 줄기가 막히는 식물이다. 따라서 최소한 2일에 한 번씩 줄기 다시 자르기를 하고 절화보존제를 갈아준다.

에틸렌 민감성 없음

DID YOU KNOW?

손가락처럼 생긴 육수화서(spadix)는 사실 화서(꽃차례, inflorescence)이며 그 끝의 도톨도톨한 부분(bumps)이 진짜 꽃이다. 활짝 핀 꽃들의 숫자에 의하여 육수화서(spadices)의 거친 정도가 결정된다.

알리움
al·li·um

allium 알리움

학명 *Allium* spp.
발음 알리움
통칭 어니언(Onion), 플라워링 어니언(Flowering Onion),
오노멘탈 어니언(Ornamental onion) 또는 갈릭(Garlic), 리크(Leek), 차이브(Chive)

생김새

어떤 종들은 키가 크고 잎이 없는 부드러운 줄기의 꼭대기에 수십 개에서 수백 개의 아주 작은 꽃들이 밀집된 지름 3cm~15cm 크기의 둥근 구 형태의 머리 부분을 가지고 있다.

컬러

자주색, 보라색, 붉은 보라색, 연보라색, 노란색, 흰색

절화 수명

보통

주의 사항

절화보존제 알리움은 알뿌리 식물이다. 따라서 보관을 하거나 꽃꽂이를 하기 위해서 담는 그릇에는 알뿌리 식물에 맞도록 만들어진 절화보존제를 사용한다.

꽃 모양 고쳐주기 알리움은 꽃잎이 약 30% 정도 개화되었을 때 구입해야만 한다. 운반 도중에 종종 밀집되어있는 구 형태의 꽃의 머리 부분이 찌그러질 수 있는데 찌그러진 머리부분을 양손의 손바닥 사이에 놓고 앞뒤로 굴려주면 완벽한 구 형태로 회복될 수 있다.

에틸렌 민감성 보통

DID YOU KNOW?

알리움의 먹을 수 있는 부분은 품종에 따라서 다양하다. 알뿌리를 먹는 것에는 양파와 파, 샬롯(shallot), 마늘이 있으며 잎을 먹는 것은 쪽파(chives), 줄기를 먹는 것에는 리크(leek, 큰 부추같이 생긴 채소)가 있다.

033

알스트로메리아
al·stroe·meri·a

alstroemeria 알스트로메리아

학명 *Alstroemeria* Dutch hybrids
발음 알스트로메리아
통칭 페루비안 릴리(Peruvian lily), 릴리 오브 더 잉카(Lily-of-the-Incas)

생김새

트럼펫 모양이며 여섯 개의 꽃잎을 가진 알스트로메리아의 꽃은 보통 점이 박혀있거나 줄무늬이다. 생김새는 미니 백합을 닮았으며 비틀어져 있는 잎을 내는 매끈한 줄기의 맨 꼭대기에 꽃이 무리 지어 피어 있다.

컬러

청록색과 파란색을 제외한 모든 색상의 단색과 이중색

절화 수명

길다

주의 사항

잎들을 녹색으로 보존하기 알스트로메리아의 잎들은 쉽게 노란색으로 변할 수 있다. 알스트로메리아와 백합을 위하여 특별하게 제조된 진저리제(pretreatment)를 당분이 적게 들어간 저용량(low-dose) 절화보존제나 혹은 알뿌리 식물에 맞도록 특별히 제조된 절화보존제와 함께 사용하면 일찍 성장하여 잎이 노랗게 되는 것을 방지할 수 있다.

줄기 다시 자를 때 줄기 다시 자르기를 할 때는 줄기의 밑 부분이 하얗게 되거나 표백된 부분을 모두 제거하여 절화보존제가 잘 흡수되도록 한다.

절화 후 관리 첫 번째로 핀 꽃의 아랫부분에 있는 꽃봉오리들을 제거하는 것은 화병에 꽂았을 때 절화의 수명을 더 길게 하며 다른 꽃들이 잘 필 수 있도록 성장을 촉진한다.

에틸렌 민감성 있음

DID YOU KNOW?

알스트로메리아를 자주 접하게 되면 어떤 사람들의 경우에는 피부에 염증(접촉성 피부염이나 알레르기성 피부염)이 생길 수 있다. 이런 사람들은 이 꽃을 다룰 때 라텍스 고무장갑을 착용해야 한다.

암미
queen anne's lace

queenanne's lace 퀸앤스레이스

학명 *Ammi majus*
발음 암미 메이유스
통칭 비숍스 위드(Bishop's weed), 폴스 퀸 앤스 레이스(False Queen Anne's lace)

생김새

암미는 길고 얇으며 양치식물의 잎을 가진 줄기의 끝에 밀집된 작은 흰색 꽃들을 가지고 있다. 꽃머리는 레이스 같은 모양을 하고 있다.

컬러

흰색(녹색과 녹색을 띤 흰색 품종도 있다.)

절화 수명

짧다

주의 사항

차갑게 보관하기와 물 올림 이 꽃을 따뜻하고 건조한 환경에 진열하게 되면 작은 꽃들이 쉽게 떨어질 수 있으므로 판매되거나 배달될 때까지 꽃 냉장고에 1℃~4.5℃의 온도와 90%의 습도에 보관한다.

박테리아의 증식을 막고 물이 줄기 윗부분으로 잘 흡수되도록 하기 위하여 최소한 이틀에 한 번 줄기 다시 자르기를 실시하고 절화보존제 용액을 갈아준다.

에틸렌 민감성 있음

DID YOU KNOW?

암미 메이유스는 흔히 화훼업계에서 퀸 앤스 레이스라고 불리는데 이것은 잘못 불리는 것이다. 이 이름은 야생 당근(wild carrot)으로도 알려진 Daucus carota. D carota와 밀접한 연관이 있는 통칭으로 절화용으로 재배되지 않고 여름철 길가나 강둑, 들판, 습지 등에 많이 자라는 식물이다.

에리카
heath·er

heather 헤더

학명 *Calluna* spp., *Erica* spp.
발음 칼루나, 에리카
통칭 헤더(Heather), 히스(Heath)

생김새

칼루나와 에리카의 종들은 많지만, 일반적으로 뾰족하고 작은 꽃들이 밀집하여 무리 지어 있으며 꽃은 종 모양 혹은 관(튜브)모양을 하고 있다. 목질 줄기는 바늘처럼 생긴 줄기를 가지고 있다.

컬러

핑크색, 빨간색, 붉은 보라색, 연보라색, 자주색, 흰색

절화 수명

보통

주의 사항

물 마르는 것 주의 보관할 때나 꽃꽂이를 할 때 줄기 아래쪽에 있는 꽃들이 물속에 잠기지 않도록 주의한다. 이렇게 하려면 키가 크지 않은 화기에 물을 얕게 채우도록 한다. 그러나 에리카는 물을 많이 머는 식물로 특히 보관하는 용기의 물의 양을 최소한 매일 체크하도록 한다.

드라이플라워 만들기 꽃과 잎은 쉽게 마르지만 채 마르기도 전에 잘 떨어진다. 떨어지지 않게 할 특별한 방법이 있는 것은 아니지만 통풍이 잘 되고 따뜻하며 건조하고 어두운 방에서 말리면 잘 마른 에리카를 얻을 수 있다.

에틸렌 민감성 없음

> **DID YOU KNOW?**
>
> 칼루나(헤더)와 에리카(히스)는 다른 속이기는 하지만 서로 밀접한 연관성이 있으며 또한 이들의 차이점은 사실상 식물학자나 원예전문가들을 제외하고는 구분할 수 없다.

오니소갈럼
star-of-beth·le·hem

star-of-bethlehem 스타오브베들레헴

학명 *Ornithogalum* spp.
발음 오니소갈럼
통칭 스타오브베들레헴(Star-of-bethlehem), 친처린치(Chincherinchee)

생김새

오니소갈럼은 품종에 따라서 별 모양을 한 꽃들이 뾰족한 혹은 둥근 형태의 밀집된 모양을 하고 있으며 때론 향기가 나는 꽃도 있다. 부드럽고 잎이 달리지 않은 줄기 꼭대기에 꽃이 핀다.

컬러

아이보리색 가까운 흰색. 오렌지색 가까운 황금색

절화 수명

길다

주의 사항

박테리아 조절 일부 절화의 관리와 취급에 관한 전문가들은 절화보존제의 당분이 오니소갈럼에게 영향을 주지 못한다고 주장한다. 그러나 절화보존제 용액은 보관할 때 혹은 꽃꽂이를 할 때 용기 속에서 번식하여 줄기 끝을 막히게 하여 물 올림을 방해하는 미생물의 증식을 억제하기 위하여 여전히 계속 사용해야 한다.

손질하기 이 꽃은 수많은 양의 꽃들이 피고 지기를 반복하기 때문에 시든 꽃들을 제거하여 오랫동안 피워있는 이 꽃들의 머리 부분이 단정하게 유지되도록 한다.

에틸렌 민감성 없음

DID YOU KNOW?

오니소갈럼의 수상화서 종들은 굴지성(지구 중력의 영향을 받는)이며 동시에 굴광성(빛을 향하여 굽는 성질)으로 절화로 잘린 이후에도 계속해서 자란다.

왁스플라워
wax·flow·er

waxflower 왁스플라워

학명 *Chamelaucium* spp.
발음 카멜로시엄
통칭 왁스플라워(Waxflower), 제랄드턴 왁스플라워(Geraldton waxflower)

생김새

왁스플라워의 광택이 나는(waxy) 작은 꽃들은 과즙이 들어있는 컵(nectar cup)을 둘러싼 다섯 개의 동그란 꽃잎으로 구성되어 있으며 목질화되고 가지를 내 뻗은 줄기의 작은 가지 위에서 피어나고 잎은 얇고 바늘처럼 생겼다.

컬러

핑크색, 장미색, 담자색, 붉은 보라색, 연보라색, 자주색, 흰색, 크림색

절화 수명

보통

주의 사항

꽃과 잎에 관하여 수확한 이후에 가장 흔하게 발생하는 문제는 꽃이나 꽃봉오리가 떨어지는 것과 말라버리는 것, 잎이 너무 빨리 노랗게 되는 것이다. 원인은 운반 과정이나 보관 시에 흔히 발생하는 문제로 잿빛곰팡이에 오염되거나 에틸렌 가스에 노출되는 것이다. 수분 부족(탈수) 또한 이러한 문제들의 원인일 수 있다.

화원에서 곰팡이류의 오염을 줄이기 위해서는 줄기를 묶고 있는 끈들을 모두 풀고 줄기 사이에 바람이 통하도록 느슨하게 해주는 것이다. 에틸렌 가스에 노출되어 생기는 영향을 줄이기 위해서는 꽃들이 재배 단계에서나 운반 과정에서 에틸렌 억제제로 처리되었는지 미리 알아보고 구매하도록 한다.

에틸렌 민감성 있음

DID YOU KNOW?

서부 호주가 원산지인 왁스플라워는 향이 나는 기름(방향성 유지)을 함유하고 있는데 잎이나 꽃, 줄기를 으깨면 기분 좋은 감귤류 과일 향을 뿜어낸다.

작약
pe·o·ny

peony 파이오니아, 함박꽃

학명 *Paeonia* spp.
발음 파이오니아
통칭 피오니(Peony)

생김새

작약의 꽃은 보통 지름 10cm~15cm로 크고 화장지처럼 생긴 꽃잎을 가지고 있다. 꽃의 형태는 홑꽃과 겹꽃, 반겹꽃, 일본형, 아네모네형이 있다. 많은 작약 품종들은 기분 좋은 향기를 발한다.

컬러

핑크색, 빨간색, 연보라색, 자주색, 연어살색, 살구색, 노란색, 크림색, 흰색, 이중색

절화 수명

짧다

주의 사항

신속하게 박스에서 분리 작약은 운반 박스에서 즉시 꺼내어 분리한다. 이 꽃은 꽃머리를 썩게 하는 잿빛곰팡이에 매우 민감하다. 곰팡이는 어둡고 습기 찬 환경을 좋아하는데 박스 안은 이런 환경을 갖췄으며 운반 과정에서의 온도 변화도 곰팡이들이 번성하기에 좋다. 곰팡이에 오염된 꽃은 즉시 폐기하고 공급자에게 이 사실을 알리도록 한다.

추가적인 조치 작업하기 전 만일 작약이 시들시들하거나 탈수현상을 보이면 실내 온도와 비슷한 온도의 물속에 꽃까지 잠기도록 전체 줄기를 약 20분간 담가 놓는다. 꽃 냉장고에 넣기 전에 꽃이 완전하게 마르도록 한다.

에틸렌 민감성 없음

> **DID YOU KNOW?**
>
> 작약은 물을 매우 좋아하므로 절화보존제 용액(물)이 충분한지 수시로 점검 한다.

장미
rose

rose 장미

학명 *Rosa* spp.
발음 로자
통칭 로즈(Rose)
품종 분류
· 하이브리드 티 로즈(Hybrid tea rose, 전통적인 긴 줄기의 장미)
· 가든 로즈(Garden rose)/잉글리쉬 로즈(English rose)
· 스프레이 로즈(Spray rose)/스위트하트 로즈(Sweett heart rose)/
  인터미디에이트 로즈(Intermediate rose)

생김새
하이브리드 티 로즈의 꽃은 컵 모양에서 튤립 형태를 닮은 것까지 다양하다. 가든 로즈의 꽃은 더 크며 작약을 더 많이 닮았다. 스프레이와 스위트하트, 인터미디에이트의 꽃은 작으며 스프레이의 경우 가지가 달린 줄기에 많은 꽃이 달린다.

컬러
청록색이나 파란색을 제외한 거의 모든 단색이나 이중색

절화 수명
보통

주의 사항
차갑게 보관, 물올림 장미는 차갑고(1℃~2℃), 습하며(습도 85%~90%), 환기가 잘 되는 환경이 필요하다. 또한 장미는 많은 물이 필요하다. 따뜻한 실내온도와 물 부족은 절화 수명을 짧게 하며 잿빛곰팡이가 꽃잎과 잎, 줄기에 피어날 수 있고, 꽃이 너무 빨리 피거나 전혀 벌어지지 않을 수도 있다.
적절한 영양공급 보관과 꽃꽂이 모두 장미용으로 특별히 제조된 절화보존제 용액을 사용한다. 장미 전용 절화보존제가 적절하게 사용된다면 화병에서의 수명을 두 배까지 늘릴 수 있으며 목이 굽는 것을 줄여주고, 꽃잎이 떨어지는 것을 방지하고, 꽃의 색이 변색하는 것을 더디게 할 수 있다.

에틸렌 민감성 있음

> **DID YOU KNOW?**
>
> 절화 장미의 기대 수명은 품종에 따라서 매우 다양하며 재배 환경, 농장에서 화원에 도착하기까지의 운송과정, 기타 처리 방법 등에 매우 많은 영향을 받는다.

조개꽃
bells-of-ire·land

bells-of-ireland 벨스오브아일랜드

학명 *Moluccella laevis*
발음 모루실라 레이비스
통칭 벨스 오브 아일랜드(Bells-of-Ireland), 쉘플라워(Shellflower)

생김새

조개꽃은 키가 크고 뾰족하게 생긴 꽃으로 밝은 녹황색(apple green)의 종처럼 (혹은 조개처럼) 생긴 꽃받침들로 구성되었는데 이 꽃받침들은 여섯 개씩 각 줄기의 윗부분에 돌려난다. 진짜 꽃은 꽃받침 속에 들어있는 작고 흰색의 꽃들이다.

컬러

밝은 녹황색

절화 수명

보통

주의 사항

휘어지는 습성 화병 속에 조개꽃을 넣을 때는 수직으로 세워서 줄기가 휘어지지 않도록 한다. 이 식물은 지구의 중력에 작용하는 굴지성이 있으므로 보관하거나 꽃꽂이를 할 때 사선이나 수평으로 놓으면 꽃의 끝이 위로 향하여 굽게 된다.

시든 잎 제거 및 드라이플라워 만들기 조개꽃은 약 10일가량 화병 속에서 지낼 수 있지만, 각각의 꽃받침(종 모양)들은 이보다 일찍 시들 수 있다. 만일 나중에 드라이플라워를 만들 것이 아니라면 시든 꽃받침들은 제거한다. 드라이플라워를 만들 경우는 시원하고 건조하며, 통풍이 잘되고 어두운 방에서 윗부분이 아래로 향하도록 7~8일간 매달아 둔다.

에틸렌 민감성 없음

DID YOU KNOW?

조개꽃은 종종 잎으로 오해되기도 하지만 매우 드문 녹색 꽃 중의 하나이다. 또한, 통칭에 아일랜드가 들어있지만, 원산지는 아일랜드가 아닌 터키와 시리아 지방이다.

치자나무
gar·de·nia

gardenia 가드니아

학명 *Gardenia jasminoides*
발음 가드니아 쟈스미노이드스
통칭 케이프 자스민(Cape jasmin)

생김새

치자나무는 일반적으로 지름 7cm 정도의 꽃이지만 더 작은 꽃들도 있다. 이 꽃들은 밀랍 같은 질감을 가진 꽃잎을 가졌고 보통 반구 모양을 하고 있다. 자연 상태에서 꽃은 더 하얗고 향이 짙다.

컬러

흰색

절화 수명

짧다

주의 사항

물 올림을 하지 않는 속성 치자나무는 한 번 잘리면 물 올림을 하지 않는다. 따라서 절화된 후 물 올림과 절화보존제 처리가 필요하지 않다. 대신에 꽃잎에 증산 억제제와 함께 물을 분무해주고 운반용 박스를 밀봉하거나 밀폐된 백을 사용하도록 하고 꽃냉장고 내의 습도를 높여서 (90%~95%) 보관하도록 한다.

조심해서 다루기 치자나무는 공기 중에 노출되면 쉽게 노랗게 변하고 만지게 되면 꽃잎이 상하기가 쉽다. 노랗게 되거나 상처 입는 것을 최소화시키기 위하여 사용하기 전에 꽃잎에 90%의 물과 10%의 레몬 주스가 섞인 용액을 뿌려준다. 그리고 작업을 할 때나 보관할 때 젖은 솜이나 미용 화장지를 덮어둔다.

에틸렌 민감성 있음

DID YOU KNOW?

치자나무가 상하거나 흠집이 생기게 되면 상처 부분에 흰색이나 아이보리색의 플로랄 스프레이 페인트(꽃잎에 뿌리는 수성 페인트)를 면봉에 묻혀서 부드럽게 칠해주면 된다. 때로는 타이핑용 수정액이나 베이비 파우더를 사용할 수도 있다.

카네이션
car·na·tion

carnation 카네이션

학명 *Dianthus caryophyllus*
발음 디안더스 캐리오필러스
통칭 카네이션(Carnation), 클로브 핑크(Clove pink)

생김새

보통의 카네이션은 지름 8cm 정도까지 자라며 둥글고 곱슬곱슬한 꽃잎을 가지고 있다. 미니카네이션 혹은 스프레이 카네이션의 꽃은 지름 2.5~5cm 정도이다.

컬러

자연스러운 색은 흰색, 아이보리색, 핑크색, 진핑크색, 진홍색, 연어살색, 복숭아색, 살구색, 오렌지색, 노란색, 연두색, 녹색을 띤 노란색, 보라색, 자주색, 이중색들의 자연스러운 색깔. (청록색과 파란색을 제외한 거의 모든 색깔)

절화 수명

길다

주의 사항

에틸렌 가스 주의 카네이션은 꽃잎이 시드는 것을 촉신하는 에딜렌 가스에 매우 민감하다. 구입할 때에는 재배단계에서와 운반과정 모두에서 에틸렌억제제로 처리되었는지 확인한다. 또한, 보관할 때에도 에틸렌 가스의 원인이 되는 과일이나 시들어가고 있는 꽃과 잎들, 담배 연기, 자동차 배기가스 등으로부터 멀리하도록 한다.

원하는 등급의 꽃 구입하기 카네이션은 다양한 등급(실렉트(select, 엄선된 최고급품), 팬시(fancy, 고급), 스탠다스(standard, 보통), 쇼트(short, 짧은 제품)) 등으로 나뉘어서 공급된다. 이 기준은 줄기의 길이와 단단힘, 줄기의 곧기, 꽃의 크기, 손상된 정도에 따라서 결정된다.

DID YOU KNOW?

현재 미국에서 판매되고 있는 모든 카네이션의 90%가량은 콜롬비아에서 재배된 것이다.

043

칼라
cal·la

calla 칼라

학명 *Zantedeschia* spp.
발음 잔테데스키아
통칭 칼라(Calla), 미니어쳐 칼라(Miniature calla)

생김새

칼라는 깔때기 모양의 머리와 잎이 달리지 않은 부드러운 줄기를 가지고 있다. 보통 규격의 칼라는 약 15cm 정도 크기의 머리와 50~120cm가 되는 줄기를 가지고 있다. 대부분 흰색과 그린이 섞인 흰색을 가진 품종이 대부분이다. 미니 칼라는 흰색도 있지만 대부분 색깔을 입힌 것들이다. 미니 칼라의 머리 크기는 8~13cm이며 줄기는 20~81cm다.

컬러

흰색, 노란색, 오렌지색, 핑크색, 빨간색, 보라색, 자주색, 녹색, 검은 색과 이중색들

절화 수명

보통

주의 사항

줄기 자르기 줄기 다시 자르기를 할 때 가능한 한 줄기 끝의 흰 부분을 모두 잘라내지 않도록 주의한다. 줄기 끝의 흰 부분을 남겨두면 줄기가 갈라지거나 휘어지는 것을 줄여주고 물의 흡수를 원활하게 하며 절화 수명을 길게 할 수 있다.

휘어진 줄기 똑바로 세우기 만일 칼라의 줄기가 휘어져서 곧바로 펴고 싶을 때에는 신문지로 너무 단단하지 않게 말아서 키가 큰 양동이나 화병 등에 수직으로 세워서 보관하면 휘어진 것이 곧게 된다.

줄기 끝이 갈라지지 않게 하기 칼라는 종종 끝이 갈라지거나 휘어지게 된다. 이러한 현상을 최소화하기 위해서 방수 테이프로 줄기 끝 부분을 감싸주고 줄기 끝의 흰색 부분은 잘라내지 않도록 한다.

에틸렌 민감성 없음

DID YOU KNOW?

종종 '칼라 릴리(calla lilies)'라고 불리지만 이 꽃은 백합과는 관계가 없다. 대신 이 꽃과 관련이 있는 것들은 안수리움(Anthurium)과 칼라디움(Caladium), 디펜바키아(Dieffenbachia), 스파티필럼(Spathiphyllums)이다.

044

캥거루 포
kan·ga·roo paw

kangaroo paw 캥거루 포

학명 *Anigozanthos* spp.
발음 아니고잔사스
통칭 캥거루 포우(kangaroo paw)

생김새
캥거루 포는 얇고 가지가 있는 줄기 끝에 털이 뒤덮인 관으로 된 꽃들이 밀집되어서 피어난다. 꽃들은 뒤로 젖혀진 테두리(lips)를 가졌으며 캥거루 발을 닮았다. 잎은 길고 좁으며 풀처럼 생겼고 줄기의 아랫부분에서 발생한다.

컬러
빨간색, 핑크색, 진홍색, 붉은 오렌지색, 오렌지색, 노란색.
빨간색/녹색, 노란색/녹색, 노란색/오렌지색, 빨간색/검은색, 녹색/검은색의 이중색도 있다.

절화 수명
보통

주의 사항
보관 온도 캥거루 포는 추위에 민감한 편이다. 따라서 2℃~4.5℃의 온도에 보관되어야 한다.
물 관리 이 꽃은 쉽게 건조(탈수, dehydrate)되므로 매장에 도착하면 가능한 한 즉시 작업하도록 하며 절화보존제 용액에 담그기 전에 줄기 끝을 수화(물 올림)용액에 담가서 다시 물 올림이 되도록 한다. 보관 용기에는 항상 절화보존제 용액이 가득한지 확인한다.
균류 오염 캥거루포는 많은 양의 물(식물 영양제 용액)을 필요로 하지만 잿빛곰팡이의 오염을 막기 위하여 꽃잎들이 물에 젖지 않도록 주의한다.
에틸렌 민감성 없음

DID YOU KNOW?
아니고잔사스 망글레시(Anigozanthos manglesii, 빨강/녹색 종)는 웨스턴오스트레일리아 주의 상징화이다. 이 꽃은 모든 정부 부처의 문장(紋章)에 사용된다.

045

튤립
tu·lip

tulip 튤립

학명 *Tulipa* spp.
발음 튤리파
통칭 튤립(Tulip)

생김새

포도주잔처럼 생긴 꽃들은 꽃의 형태에 따라서 15가지 종류로 분류된다. 절화용으로 가장 널리 재배되는 품종들은 싱글(single)과 더블(double, 작약꽃처럼 생긴), 패럿(parrot, 주름이 있고 다색의), 릴리 플라워드(lily flowered, 점이 박힌 꽃잎), 프린지드(fringed, 가장자리가 톱니처럼 째진) 등이 있다.

컬러

빨간색, 핑크색, 오렌지색, 복숭아색, 연어살색, 살구색, 노란색, 자주색, 연보라색, 흰색, 이중색

절화 수명

짧다

주의 사항

적절한 절화보존제와 물 튤립은 보관하거나 꽃꽂이를 할 때 불소가 함유되지 않은 차가운 물과 알뿌리 식물 전용 절화보존제를 사용한다.

곡선미가 있는 꽃들 튤립은 굴지성(지구중력의 영향을 받는)이며 굴광성(빛을 향하여 휘는)이므로 용기 안에는 수직으로 세워서 보관하고 꽃 냉장고 안에서도 햇빛이 직접 꽃에 쬐지 않게 가려진 어두운 쪽에 위치시킨다. 일부 전문가들은 튤립을 보관하는 동안에 줄기가 휘어지지 않도록 포장지를 벗기지 말 것을 제안한다.

에틸렌 민감성 없음

DID YOU KNOW?

튤립의 줄기는(scapes) 종종 잘린 후에나 꽃꽂이가 된 후에도 계속해서 자라는 성질이 있으므로 작업을 할 때 그것을 고려하여 원래 원하는 위치보다 더 깊은 쪽에 꽂도록 한다.

프로테아
pro·te·a

protea 프로테아

학명 *Protea* spp.
발음 프로테아
통칭 슈가부쉬(Sugarbush)가 모든 프로테아를 포괄하는 통칭이지만 각각의 종마다 특별한 이름을 가지고 있다.

생김새

프로테아는 일반적으로 반구형 혹은 원뿔 형태의 꽃머리를 가지고 있으며 지름은 10cm~30cm이고 높이는 10cm~15cm이다. 꽃머리는 털이 많고 복슬복슬한 솜털 같은 꽃들이 밀집된 중앙 부분을 가지고 있는데 뻣뻣하며 색깔이 있는 꽃받침들에 둘러싸여 있는데 종에 따라 다르지만, 이 꽃받침들도 역시 털로 덮여 있거나 깃털처럼 생길 수 있다. 줄기는 목질화되었고 다양한 형태의 가죽 같은 잎들이 많은데 이것들이 꽃머리를 완전히 감쌀 수 있다.

컬러

진홍색, 핑크색, 흰색의 가운데 부분을 가진 빨강과 진홍색, 장미색, 핑크색, 녹색, 흰색. 어떤 품종들은 꽃받침 가장자리에 검거나 은색의 연모(가늘고 짧은 털)가 있다.

절화 수명
길다

주의 사항

영양분과 온도, 햇빛 잎이 검게 변하는 것은 흔히 발생하는 문제점이다. 탄수화물이 부족하거나 충분하지 않은 햇빛, 온도가 높거나, 잎에 물기가 있는 것 등이 원인이다. 이런 문제를 해결하기 위해서는 적절한 절화보존제를 사용하고, 보관 중에도 햇빛을 충분하게 받도록 하고, 냉장고 안의 온도를 0.55℃~2.20℃에 맞추고, 잎이 젖지 않도록 한다. 프로테아는 아프리카의 열대 혹은 아열대 지역이 원산지이지만 추위에 민감하지는 않다.

에틸렌 민감성 없음

DID YOU KNOW?

프로테아는 새들에 의해서 수정되는 몇 되지 않는 꽃 중의 하나이며 많은 양의 과즙을 만들어낸다. 이러한 점이 슈가부쉬(Sugarbush)라는 통칭을 얻게 된 원인이다.

047

프리지아
free·si·a

freesia 프리지아

학명 *Freesia* X *hybrida*
발음 프리지아 하이브리다
통칭 없음

생김새

프리지아 꽃의 머리는 휘어져 있는 줄기의 윗부분에 각각 향이 좋은 5개~10개의 꽃 혹은 꽃봉오리로 구성되어 있다. 각각의 꽃은 6개의 꽃잎 혹은 조각을 가지고 있다. 프리지아는 홑꽃과 겹꽃 모두 있다. 줄기는 가늘고 부드러우며 대개 가지를 가지고 있다. 잎은 절화 다발에는 포함되지 않을 수 있지만 좁고 칼처럼 생겼다.

컬러

빨간색, 핑크색, 오렌지색, 청담색/구리색, 노란색, 연보라색, 보라(자주)색, 남보라색, 붉은 보라색, 흰색, 크림색, 이중색

절화 수명

보통

주의 사항

적절한 식물영양제와 물주기 불소를 넣지 않은 물에 알뿌리 식물용 절화보존제 용액을 사용하여 보관하고 작업하도록 한다. 불소는 꽃이 활짝 피는 것에 지장을 주고 꽃이나 잎의 끝이 타는 원인이 된다.

신속한 처리 프리지아는 받은 날에서 2일 이내에 모두 판매하도록 한다. 냉장고 안에서 오래 지체하면 냉해를 입거나 향이 감소하는 원인이 된다.

에틸렌 민감성 있음

DID YOU KNOW?

프리지아는 향이 가장 좋은 식물 중의 하나이다. 향의 농도는 품종에 따라 다르지만 노랑과 흰색, 크림색 종들의 꽃이 다른 색의 꽃보다 향이 더 강하다.

하이페리컴
hy·per·i·cum

hypericum 하이페리컴

학명 *Hypericum* spp.
발음 하이페리컴
통칭 세인트 존스 워트(St, John's wort), 투싼(Tutsan)

생김새

하이페리컴은 주로 열매 형태의 과피(seed capsule, 씨를 싸고 있는 외피)를 주로 사용한다. 매끄러운 딸기류를 닮은 과일은 꽃이 지고 나면 맺히기 시작하고 목질화된 줄기의 가지 꼭대기에 밀집되어서 자란다.

컬러

진홍색, 빨간색, 핑크색, 적갈색, 붉은 오렌지색, 연어살색, 노란색, 녹색, 흰색. 열매껍질은 대부분 익으면 검은색에서 짙은 자주색이 된다.

절화 수명

길다

주의 사항

보관 온도 하이페리컴은 추위에 조금은 민감한 편이다. 따라서 짧은 기간만 2°C~5°C의 냉장고에 보관되어야 한다.

장갑 착용 열매껍질이 으깨어지면 붉은색의 기름이 흘러나오기 때문에 하이페리컴을 가지고 작업할 때에는 고무장갑을 착용할 것을 권한다.

에틸렌 민감성 없음

DID YOU KNOW?

세인트존스 워트(St. John's wort)는 모든 종류의 질병에 처방전이 없이도 사용할 수 있는 자연적인 약초로 특히 불안과 우울증에 사용한다.

해바라기
sun·flow·er

sunflower 해바라기

학명 *Helianthus annuus*
발음 힐리안더스 아뉴어스
통칭 선플라워(Sunflower)

생김새
해바라기는 고개 숙인 데이지처럼 생긴 꽃을 가졌고 품종에 따라서 다르지만 지름 5cm~26cm 이상까지 자란다. 어떤 품종들은 가운데에 중심화를 가지고 있지 않지만 대부분의 품종에서 꽃잎(설상화)은 노란색 혹은 갈색, 녹색, 진한 자주색으로 된 중심부(중심화)를 둘러싸고 있다.

컬러
노란색, 구리색, 갈색, 불그스름한 갈색, 오렌지색, 크림색, 이중색. 최근에는 줄기를 빨간색과 오렌지색으로 염색한 해바라기가 인기리에 재배되고 있다.

절화 수명
보통

주의 사항
즉시 처리 해바라기는 물이 부족한 것에 매우 민감하므로 도착한 즉시 운반 상자에서 꺼내어 물 올림을 한다. 해바라기는 종종 노지에서 재배되고 잔털이 많은 줄기를 가지고 있어서 잔해가 묻어있을 수 있으므로 미지근한 흐르는 물로 줄기를 씻어준다.

수직으로 세워서 보관 해바라기는 굴지성(지구 중력의 영향을 받는)이므로 특히 실내 기온에서는 가능한 수직으로 세워서 보관하여 이미 수그러진 상태보다 고개를 더 수그리지 않도록 한다.

에틸렌 민감성 있음

DID YOU KNOW?
해바라기는 캐나다 남부에서 남아메리카까지의 아메리카 대륙이 원산지이며 멕시코에서 최초로 재배되었다.

050

히아신스
hy·a·cinth

hyacinth 히아신스

학명 *Hyacinthus orientalis*
발음 하이아신더스 오리엔탈리스
통칭 하이아신스(Hyacinth), 더치 하이아신스(Dutch hyacinth, 네델란드 히아신스)

생김새

히아신스는 지름 10cm~15cm 정도의 굵고 잎이 달리지 않은 줄기의 윗부분에 작고 향이 나며 매끄러운 질감의 종 모양을 한 꽃들이 모여서 수상화서(spikes, 무한화서의 하나로 한 개의 긴 꽃대 둘레에 여러 개의 꽃이 이삭 모양으로 피는 화서)를 이룬다.

컬러

파란색, 보라색, 핑크색, 빨간색, 복숭아색, 연어살색, 살구색, 노란색, 흰색

화병 생활

짧음

주의 사항

적절한 절화보존제 히아신스는 보관할 때나 꽃꽂이를 할 때 알뿌리 식물을 위하여 만들어진 절화보존제 용액을 사용한다.

적절한 물주기 불소가 함유되지 않은 차가운 물과 알뿌리 식물용 절화보존제를 준비한다.

줄기 다시 자르기를 하지 않는다 대부분의 다른 꽃들과는 달리 유통 시에 줄기 다시 자르기가 권장되지 않는다. 아랫부분(줄기 끝의 흰색 부분)을 그대로 두는 것은 물 올림을 좋게 하며 절화수명을 연장해준다.

에틸렌 민감성 없음

DID YOU KNOW?

속 이름 '하이아신더스'는 그리스 신화 속에 나오는 젊고 매우 아름다운 스파르타의 왕자 '히아킨토스(Hyakinthos)'를 기리기 위하여 붙여진 이름인데 그는 사고로 그리스의 신 아폴로가 던진 원반에 머리를 맞아 죽게 된다.

분화 관리 요령

1단계 분화식물은 종류에 따라 적절한 양의 빛을 쬐게 해 주어야 한다. 대부분의 경우에 직사광선은 해로우므로 피한다.

2단계 물을 규칙적으로 준다. 특히 습한 환경을 좋아하는 화초라면 주변의 토양과 공기에 규칙적으로 수분을 공급해 주어야 한다. 습한 것을 좋아하는 화초의 화분은 조약돌을 물에 담가 놓은 접시 위에 두는 것도 좋다. 조약돌이 화초 주위의 습도를 높여 주기 때문이다.

3단계 화초를 외풍에 직접 닿지 않도록 한다. 특히 전기난로나 벽난로의 환기구, 겨울철 외풍이 들어오는 창문 등과 같은 직접적인 열원이나 냉원으로부터 멀리 두는 것이 좋다.

4단계 시든 잎이나 병, 해충이 있는지를 규칙적으로 체크하고 적절하게 대처해 줘야 한다.

5단계 봄에는 분갈이를 고려해 본다. 종류에 따라 어떤 화초들은 일 년에 한 번씩 분갈이를 해주는 것이 좋으며, 어떤 화초들은 뿌리가 잘 내려 화분이 직게 되었을 때에만 분갈이를 하면 된다.

KEY TO PLANT 분화 50종을 두 개의 파트로 구분하여 꽃 피는 분화 25종과 잎의 형태와 모양으로 더 알려져서 잎을 감상하는 관엽식물 25종으로 나누었다. 각각을 한글명 가나다순으로 배열하였다.

거베라
ger·ber·a

gerbera 거베라

학명 *Gerbera jamesonii*
발음 거베라제임소니아이
통칭 아프리칸 데이지(African daisy), 트란스발 데이지(Transvaal daisy)

생김새

데이지를 닮은 거베라의 큰 꽃은 지름이 4cm~9cm 정도이다. 잎이 달리지 않은 줄기 위에 피어있으며 그 줄기 옆에 주름이 많고 깊게 갈라진 잎들이 자란다. 화분에 심은 종류들은 보통 15cm~30cm 정도까지 자란다.

컬러

빨간색, 주황색, 복숭아색, 살구색, 노란색, 크림색, 아이보리색, 흰색, 이중색

개화기간

꽃이 다시 필 때까지 2주~6주 걸린다.

기르는 방법

물주기 토양을 약간 촉촉하게 유지한다. 주변이 건조하면 분무해준다.
빛 밝은 광, 가끔 직접 광을 쐬어준다.
온도 16℃~21℃
가지치기 꽃이 시들면 잘라낸다.

유의사항

잎에 하얀 먼지가 붙어 있거나 회색 막을 입힌 것처럼 보이면, 이것은 흰가루병에 걸린 것일 수 있다. 일단 감염이 되면 잎을 문질러서 털어낸 뒤 습도를 낮추고 떨어진 잎들이 남아있지 않도록 깔끔하게 치운다. 해충 온실가루이를 조심한다. 일단 온실가루이가 보이면 살충 비누로 씻어낸다.

에틸렌 민감성 낮음

DID YOU KNOW?

거베라는 날씨가 좋다면 첫 번째 꽃들이 지고 난 후에 테라스 화분에 옮겨 심을 수 있다.

게발선인장
cac·ti(holiday)

cacti(holiday) 캑티(홀리데이)

학명 *Schlumbergera* spp. 슈럼버게라
Hatiora gaertneri 하티오라, syn. *Rhipsalidopsis*
통칭 땡스기빙 캑터스(Thanksgiving cactus), 크리스마스 캑터스(Christmas cactus), 이스터 캑터스(Easter cactus)

생김새

게발선인장은 사막식물보다는 숲 속에서 사는 식물의 형태를 가졌으며 매우 많은 양의 화려한 꽃들이 피어나 인기가 많다. 납작하게 생긴 다육성의 줄기들이 서로 연결되어 가지 모양을 이루는데 이 가지들이 활처럼 아치 형태를 이룬다. 이 가지 끝에서 튜브처럼 생긴 화려한 꽃이 피어난다.

컬러

핑크색, 빨간색, 주황색, 연보라색, 흰색

개화기간

수년
꽃들은 전체적으로 3주에서 5주간 피어 있고, 각각의 꽃들은 5일에서 8일간 지속된다.

기르는 방법

물주기 토양을 촉촉하게 유지한다. 가끔 물을 분무해주는 것도 도움이 된다.
빛 밝은 간접 광
온도 16℃~21℃
손질하기 시든 꽃잎은 제거한다.
꽃 다시 피우기 가을에는 하루 최소한 12시간 정도 화분을 어두운 곳에 두고 밤에는 10℃~13℃ 정도의 온도를 유지해준다. 일단 꽃봉오리가 올라오면 밤 동안의 온도를 16℃~22℃로 올려준다.

유의사항

가루 깍지벌레와 깍지벌레를 주의하고 오염이 되면 물로 씻어낸다. 온도가 너무 높거나 습도가 너무 낮아지는 등 급격한 환경의 변화가 있으면 꽃잎이 떨어질 수 있다. 물을 너무 많이 주게 되면 뿌리가 썩는다.

에틸렌 민감성 중간

DID YOU KNOW?

게발선인장은 기생하거나 공중에 뿌리를 둔 식물이다. 이들은 다른 식물들 위에서 자라거나 지지대로 삼아서 뿌리를 덮고 있는 겉솜조직(해면조직)을 통하여 공기 중의 수분과 기타 영양 성분을 흡수한다.

국화
chry·san·the·mum

chrysanthemum 크리센티멈

학명 *Dendranthema* x *grandiflorum*, syn. *Chrysanthemum* x *morifolium*
발음 덴드란데마 그란디플로럼
통칭 크리센티멈(Chrysanthemum), 멈(Mum), 플로리스트 멈(Florist mum)

생김새

크리센티멈은 형태와 크기에 있어서 설상화(ray flower, 국화과 식물의 꽃 피는 형태)와 관상화(disk flowers, 중앙에 작은 꽃들이 모여 있는)를 합해 놓은 복합형 모양의 꽃머리를 가지고 있다.

컬러

연보라색, 자주색, 붉은 보라색, 진홍색, 빨간색, 핑크색, 주황색, 산호색, 살구색, 노란색, 청동색, 연갈색, 크림색, 흰색, 이중색.

개화기간

2주~4주

기르는 방법

물주기 토양을 촉촉하게 유지한다. 가끔 물을 분무한다.
빛 약간 밝은 광에서부터 밝은 간접 광
온도 10℃~19℃
손질하기 시든 꽃잎과 상처가 생긴 꽃봉오리, 노랗게 변한 잎은 매일 제거한다.

유의사항

충분한 빛과 물을 공급해야 잎이 갈색으로 변하는 것을 방지할 수 있다. 진딧물과 응애 발생에 주의해야 한다. 감염되었을 경우 살충 비누를 사용한다.
에틸렌 민감성 낮음

DID YOU KNOW?

따뜻한 날씨라면 국화를 야외에 옮겨 심을 수 있다.
꽃을 피우고 난 뒤 줄기를 밑에서 7.5cm가량을 잘라서 봄이 올 때까지 시원하고 서리가 내리지 않는 곳에 보관한다. 다음 해 마지막 추위가 물러간 뒤 야외의 적당한 곳에 심는다.

나리 백합
eas·ter li·ly / hy·brid li·ly

easter lily / hybrid lily 이스터 릴리

학명 및 통칭

Lilium longiflorum(릴리움 롱기플러럼)
이스터 릴리 Easter Lily, 버뮤다 릴리 Bermuda lily,
트럼펫 릴리 Trumpet lily, 나팔나리 Lilium x *hybrida*(릴리움 하이브리다)
Asiatic hybrid lily 아시아틱 하이브리드 릴리, 아시아틱 나리
Oriental hybrid lily 오리엔탈 하이브리드 릴리, 오리엔탈 나리
LA hybrid lily(*longiflorum* / Asiatic), LO hybrid lily(*longiflorum* / Oriental),
OT hybrid lily(Oriental / Trumpet, Orienpet)

DID YOU KNOW? 나리의 꽃가루가 묻으면 얼룩이 질 수 있다. 꽃잎이 활짝 벌어지면 각각의 꽃 가운데 부분의 노랑 꽃가루주머니를 제거한다.

생김새

나팔나리 각각 12cm에서 17cm 정도 크기의 트럼펫 모양의 흰색 꽃이 핀다. 다 자라면 키가 1m 정도 되고 3~8개 정도의 꽃들이 핀다.

하이브리드 나리(교배종) 꽃의 크기는 지름이 10cm(아시아틱) 정도에서 11cm(오리엔탈)정도이며 일반적으로 한 줄기에서 3개에서 10개 정도의 꽃이 핀다. 줄기는 보통 많이 자라야 60cm를 넘지 않는다. 종류에 따라서 잎 모양은 다른데 좁고 풀잎처럼 생긴 것에서부터 짧고 넓은 것까지 다양하다.

컬러

나팔나리 전형적인 흰색

하이브리드 나리(교배종) 단일색(반점이 있는 것과 없는 것)과 이중색(반점이 있는 것과 줄무늬가 있는 것, 얼룩덜룩한 것까지) 모두 나타난다. 색은 핑크색, 빨간색, 진홍색, 주황색, 주홍색, 청담색, 복숭아색, 산호색, 파스텔톤에서 밝은색까지의 노란색, 연한 녹색, 흰색과 크림색 등.

개화기간

나팔나리와 하이브리드 나리는 줄기에 매달린 꽃봉오리의 수와 종에 따라서 모두 1주일에서 2주간 꽃이 핀다. 각각의 꽃은 2일에서 4일간 피어있다.

기르는 방법

물주기 토양을 약간 촉촉하게 유지하며, 가끔 꽃잎에 분무한다.

빛 밝은 간접 광

온도 18℃~22℃

손질하기 한번 꽃이 핀 다음 화분은 채광이 잘 되는 곳에 보관하고 잎이 성숙하도록 물을 준다. 늦은 봄에 마당에 심으면 꽃이 핀다. 그러나 새로운 꽃이 그해가 아닌 다음 해 여름에 피어나는 경우가 많다.

유의사항

물을 너무 적게 주거나 빛이 부족하면 잎이 노랗게 되는 원인이 된다. 진딧물을 주의한다. 해충이 발견되었을 경우 살충 비누로 씻어낸다.

에틸렌 민감성 중간

미니장미
min·i·a·ture rose

miniature rose 미니장미

학명 *Rosa* spp. and hybrids
발음 로자
통칭 미니어쳐 로즈(Miniature rose), 마이크로 로즈(Micro rose), 드워프 로즈(Dwarf rose), 차이나 로즈(China Rose), 페어리 로즈(Fairy rose), 피그미 로즈(Pigmy rose)

생김새
화분에 심은 미니장미는 지름 1cm에서 4cm 크기의 작은 꽃들이 무리 지어 핀다. 높이는 보통 15cm에서 30cm 정도이나 어떤 종들은 40cm 이상 자라기도 한다.

컬러
빨간색, 핑크색, 주황색, 살구색, 복숭아색, 노란색, 보라색, 흰색, 이중색

개화기간
실내에서는 2주에서 3주간 피어있으며 야외에서는 기후에 따라서 다르지만 수년간.

노랗게 변하거나 시든 잎들은 정리한다.

유의사항
잎이 축축하면 잿빛곰팡이에 오염된다. 오염되면 꽃잎에 갈색 반점이 생기거나 줄기와 꽃에 솜털이 보송보송한 회색 얼룩이 생긴다. 또 잎 윗부분에 노랑 고리가 있는 검은 점이 생기는 검은별무늬병이 생긴다. 너무 건조하면 꽃봉오리들이 피지 못하고 시들게 된다.

에틸렌 민감성 중간

기르는 방법
물주기 토양이 고르게 촉촉하도록 한다. 잎이 젖지 않도록 한다. 습도유지를 위해서 자갈이 담긴 쟁반을 이용한다. 미니장미는 물을 분무하지 않는다.
빛 매일 최소한 6시간 이상의 직접 광을 받도록 한다.
온도 19℃~21℃
비료 꽃이 피는 동안은 매달 준다.
손질하기 시들기 시작한 꽃들은 잘라내어 정리해주면 더 많은 꽃을 볼 수 있다.

DID YOU KNOW?
미국 알레르기 천식 면역학회 (The American Academy of Allergy, Asthma and Immunology)는 미니장미에 꽃가루가 있지만, 알레르기는 일으키지 않는 안전한 식물로 분류하였다.

브로멜리아
bro·me·li·ads

bromeliads 브로멜리아

학명 및 통칭

Aechmea spp. (에크메아), 에어파인(Air pine), 리빙베이스(*Living vase*)
Ananas spp. (아나나스), 파인애플(Pineapple)
Billbergia spp. (빌베르기아), 베이스 플랜트(Vase plant)
Cryptanthus spp. (크립탄서스), 스타피시 플랜트(Starfish plant)
Guzmania spp. (구즈마니아), 플라밍고 토치(Flamingo torch)
Neoregelia spp. (네오레겔리아), 블러싱 브로멜리아(Blushing bromelia)
Tillandsia spp. (틸란드시아), 에어플랜트(Air plant)
Vriesea spp. (브리지아), 플레이밍 스워드(Flamming sword)

생김새

브로멜리아는 이국적인 꽃들과 아름다운 잎으로 잘 알려진 광범위하고 다양한 그룹의 식물들을 말한다.

컬러

꽃잎은 빨간색, 핑크색, 자주색, 노란색, 초록색, 보라색.
잎은 전체적으로 녹색이거나 빨간색, 핑크색, 아이보리색의 줄무늬가 있다.

개화기간

꽃은 수 주에서 수개월.
대부분의 종류가 줄기 아랫부분에 새끼를 치는데 이것들을 잘라서 다른 화분에 옮겨 심어 새로 키울 수 있다.

기르는 방법

물주기 장미 모양의 잎들이 중앙 부분에 모여 컵 모양을 이루는데 이런 종들은 다음번 물 줄 때까지 흙이 마른 채로 있도록 둔다. 컵 모양이 없는 식물들은 고르게 젖도록 물을 준다. 틸란드시아는 가끔 분무기로 물을 뿌려주는 것으로 충분하다.
빛 밝은 간접 광
온도 18℃~24℃

유의사항

물을 너무 많이 주면 뿌리가 썩게 된다. 식물의 컵 모양에 물이 너무 많이 고여 있으면 어린싹들이 썩을 수도 있다. 습도가 충분하지 않거나 너무 덥거나 건조한 경우에도 잎이 누렇게 변색하거나 떨어지게 된다.

에틸렌 민감성 브로멜리아의 꽃이 피는 것을 자극하기 위해서는 에틸렌 가스가 필요하다.

DID YOU KNOW?

대부분의 브로멜리아는 꽃을 피우기까지 최소한 3년의 세월이 필요하다. 대부분 꽃은 실내에서 오직 한 번만 꽃을 피운다.

서양란
or·chids

orchids 서양란

학명 및 통칭

Arachnis(아라크니스), 스콜피온 오키드(Scorpion orchid),
스파이더 오키드(Spider orchid); *Aranda*(아란다); *Cattleya*(카틀레야),
플로리스트 오키드(Florists' orchid), 코사지 오키드(Corsage orchid);
Colmanara(콜마나라); *Cymbidium*(심비디움); *Dendrobium*(덴드로비움),
뱀부 오키드(Bamboo orchid), 싱가폴 오키드(Singapore orchid),
스토크 오키드(Stalk orchid); *Ludisia*/*Haemaria*(루디시아 / 히마리아),
주얼 오키드(Jewel orchid); *Miltonia*(밀토니아), 팬시 오키드(Pansy orchid);
Miltoniopsis(밀토니옵시스), 팬시 오키드(Pansy orchid); *Mokara*(모카라);
Odontoglossum(오돈토글로섬); *Oncidium*(온시디움),
댄싱 레이디 오키드(Dancing lady orchid); *Paphiopedilum*(파티오페딜럼),
Lady's slipper orchid 레이디스 슬리퍼 오키드(Lady's slipper odchid),
레이디 슬리퍼 오키드(Lady slipper odchid),
슬리퍼 오키드(Slipper orchid); *Phalaenopsis*(팔레놉시스),
모스 오키드(Moth orchid); *Vanda*(반다)

DID YOU KNOW? 난과 식물들은 많은 경우 착생식물들이다. 난은 나무나 다른 식물들의 가지나 몸통 혹은 땅 위에서 자라며, 공기 중이나 주변에서 영양분과 수분을 흡수한다.

생김새

난과 식물들은 종(family)의 숫자로 볼 때 약 3만 종 이상으로 꽃이 피는 식물 중 가장 많은 종을 가진 식물로 알려져 있다. 8백 종 이상의 속이 있는 것으로 추정되며 이들 중 대부분은 속간 교배종이다. 난과 식물은 6개의 꽃잎을 가지고 있다. 이 중 3개는 꽃받침이고 2개는 꽃잎이며 나머지 한 개는 입술 모양을 한 변형된 꽃잎이다.

컬러

속에 따라서 다양한 색을 가지고 있지만, 전체적으로 볼 때 파란색과 청록색을 제외하고 거의 모든 색이 다 나타난다고 할 수 있다. 대부분 이중색을 띤다.

개화기간

각각의 꽃잎은 수 주간 지속하지만 꽃대는 수개월간, 식물은 수년간 유지된다.

기르는 방법

물주기 흙이 촉촉하게 수분을 유지 시킨다. 간혹 잎에 가볍게 분무하고 습도를 높게 한다.

빛 밝은 간접 광

온도 21℃~27℃. 밤에는 온도를 더 낮게 한다.

손질하기 시든 꽃들은 제거한다. 미지근한 물로 잎을 깨끗하게 닦아준다.

옮겨심기 난과의 식물들은 화분에 꽉 차게 자라는 것을 좋아한다. 식물이 너무 꽉 차서 성장에 방해되거나 화분 내의 배지가 녹아서 분해되기 시작할 때에만 분갈이해준다.

꽃 다시 피우기 대부분의 종은 다시 꽃을 피운다. 그렇지만 각각의 종마다 적절한 시기가 있고 밤에 시원하게 해주거나 빛을 조절하는 등의 요령이 필요하다.

유의사항

잎에 부드러운 갈색 반점이 나타나면 곰팡이나 바이러스에 오염된 것이지만 검고 딱딱한 반점은 햇볕에 탄 것이다. 비료가 과하거나 물관리가 잘못되면 잎의 끝이 누렇게 변하게 된다. 물주기 후에 잎이 오랫동안 젖어있게 되면 곰팡이가 생기게 된다. 깍지벌레를 주의한다.

에틸렌 민감성 종마다 다르다. 가능한 에틸렌 가스는 피하는 것이 좋다.

수국
hy·dran·gea

hydrangea 수국

학명 *Hydrangea macrophylla*
발음 하이드레인지아 마크로필라
통칭 호텐시아(Hortensia)

생김새

수국은 작은 별모양의 꽃들이 촘촘하게 무리 지어 핀다. 꽃들은 공모양 혹은 피라미드 모양을 이루는데 지름 15cm 정도이다.

컬러

파란색, 연보라색, 핑크색, 흰색, 빨간색, 갈색, 이중색

개화기간

각각의 꽃들은 2주에서 3주간 피어있다.

기르는 방법

물주기 토양을 촉촉하게 유지한다. 잎에 분무한다.
빛 밝은 간접 광
온도 낮: 18℃~21℃, 밤: 10℃~16℃
손질하기 시든 꽃대와 잎들을 제거해준다.
꽃 다시 피우기 화분에 심은 것이나 야외에 심은 것들은 꽃이 피고 난 후에 충분히 아침 햇빛을 받도록 하고 오후에는 약한 그늘이 지도록 한다. 실내에서는 새로 나온 순을 두 마디 혹은 잎 한 쌍을 잘라낸 다음 화분에 다시 심고 햇빛이 잘 드는 창문 가에서 키운다.

유의사항

화분에 어린이나 애완동물들의 손길이 닿지 않도록 주의한다. 나무의 껍질이나 잎, 꽃봉오리를 삼키게 되면 구토와 복통, 땀을 흘리는 증세를 일으킨다.

에틸렌 민감성 중간

DID YOU KNOW?

수국의 눈에 보이는 부분들은 꽃잎이 아니라 꽃받침이다. 토양 첨가물들은 때론 꽃이 색에 영향을 미친다. 산성 토양에서는 푸른색을 띠고 중성에서는 핑크색에 가깝다. 많은 색의 신품종들이 만들어졌고 이 신품종들은 화색이 변하지 않는다.

수선화
daf·fo·dil

daffodil 수선화

학명 *Narcissus* spp.
발음 나르시서스
통칭 대포딜(Daffodil), 존퀄(JohnquilN, *jonquilla* 참고)

생김새

수선화는 잎이 없이 가늘고 길쭉한 줄기 꼭대기에서 피는데, 속이 움푹 들어간 왕관 모양으로 핀다. 꽃이 활짝 피면 꽃과 줄기가 직각을 이루는 데 왕관 모양의 꽃에 꽃잎 6장이 연결되어 있다.

컬러

꽃잎 노란색, 주황색, 복숭아색, 핑크색, 흰색, 크림색, 녹색
컵 노란색, 주황색, 복숭아색, 핑크색, 살구색, 흰색, 크림색, 이중색

개화기간

5~14일 정도

기르는 방법

물주기 토양을 약간 촉촉하게 유지한다.
빛 밝은 간접 광
온도 10℃~19℃
손질하기 알뿌리 식물은 실내에서는 꽃을 다시 피우지 못한다. 'Paper-white' 종을 제외한 다른 종들은 가을에 바깥에 심는다. 꽃이 지고 난 알뿌리들은 화분에서 파내서 마르도록 둔다. 시든 잎들을 제거하고 새로 심을 때까지 시원하고 건조한 곳에 보관한다.

유의사항

물을 너무 적게 주거나 습도가 낮은 환경에서는 꽃봉오리 상태에서 멈춰 활짝 피지 못하는 경우가 생긴다. 빛의 양이 너무 부족하다거나 온도가 높으면 꽃이 달린 줄기와 잎들이 축 늘어진다. 또한, 건조한 냉기에 노출되고 물이 너무 많거나 적으면 잎이 노랗게 되는 수가 있다.

에틸렌 민감성 중간

DID YOU KNOW?

화분의 흙 속에 심는 것 외에도 수선화는 실내에서 화기 속에 자갈과 물만 넣어서 수경재배할 수도 있다.

시클라멘
cy·cla·men

cyclamen 시클라멘

학명 *Cyclamen persicum*
발음 시클라멘 페르시컴 (Florists' *Cyclamen*)
통칭 플로리스트 시클라멘(통상 시클라멘으로 부름)

생김새

잎이 달리지 않은 줄기 위에 다섯 개의 꽃잎이 살포시 얹혀 있는 독특한 모양새이다. 꽃봉오리는 아래로 향하고 있으나 꽃이 피게 되면 꽃잎이 위로 젖혀져 나비 모양이 된다. 잎은 두껍고 부드러운 느낌인데 하트모양을 하고 있으며 대리석 무늬가 있고, 연한 녹색, 진한 녹색과 은색을 띤다.

컬러

빨간색, 자홍색, 적자색, 장미색, 핑크색, 주황색, 자주색, 보라색, 연보라색, 흰색, 이중색

개화기간

3주에서 2달간

기르는 방법

물주기 토양을 약간 촉촉하게 유지한다. 주변의 습도는 높이고 잎에는 물이 직접 닿지 않도록 한다.
빛 밝은 간접 광
온도 13℃~19℃
손질하기 시든 꽃잎과 잎은 떼어낸다.

유의사항

잎과 꽃대가 물러졌다면 수분 과다에 의한 현상이다. 잎이 노랗게 되는 것 역시 물이 과하거나 온도가 너무 높은 것이 원인이다. 온도가 낮거나 너무 물을 많이 주면 잿빛곰팡이가 피거나 줄기가 썩을 수 있다. 응애와 시클라멘 응애를 조심한다.
에틸렌 민감성 재배종에 따라서 다르다.

DID YOU KNOW?

시클라멘은 지중해 동부가 원산지이다. 별칭인 '페르시컴(pericum)'은 그 종의 유래를 따라 붙인 것으로 '페르시아로부터'라는 뜻이다.

아마릴리스
am·a·ryl·lis

amaryllis 아마릴리스

학명 *Hippeastrum* spp.
발음 히페아스트럼
통칭 아마릴리스(Amaryllis), 바베이도스 릴리(Barbados lily)

생김새

아마릴리스는 속이 비어있는 연한 초록색 줄기 꼭대기마다 트럼펫 모양의 꽃이 3~6개 정도 핀다. 알뿌리마다 1~3개의 꽃대가 올라온다.

컬러

단색으로 피기도 하고 두 가지 색이 같이 나타나기도 한다. 빨간색, 핑크색, 진홍색, 주홍색, 주황색, 흰색, 살구색, 노란색, 연두색.

개화기간

10~24일.
각각의 꽃은 2~5일 동안 피어있다.

기르는 방법

물주기 토양을 촉촉하게 유지한다.
빛 밝은 간접광
온도 12℃~22℃
꽃 다시 피우기 꽃대를 자르고 지속해서 영양분과 물을 공급해 준다. 잎의 색이 바래면 모든 잎을 잘라내고, 화분에 심은 알뿌리를 서늘하고 어두운 장소에 10~15주 정도 둔다. 꽃이 피길 원하는 시기로부터 6~8주 전에 분갈이한다.

유의사항

춥고 축축한 환경은 진균성 질병인 붉은 점무늬병을 유발할 수 있는데, 이 질병은 군데군데 밝고 빨강 점이 나타나는 증상을 보인다. 진딧물, 총채벌레, 깍지벌레를 유의해야 한다.

에틸렌 민감성 높음

DID YOU KNOW?

아마릴리스는 수경(수중)재배할 수 있다. 수경재배하려면 알뿌리의 밑부분과 뿌리만 물에 잠길 정도의 물을 담은 용기에 알뿌리를 올려놓는다.

아프리칸 바이올릿
af·ri·can vi·o·let

african violet 아프리칸 바이올릿

학명 *Saintpaulia* spp.
발음 세인트폴리아
통칭 아프리칸 바이올릿(African violet)

생김새

이 자그마한 화초의 잎은 길쭉한 하트모양으로 보송보송한 털이 있고, 잎의 끝 부분은 톱니 모양이다. 잎의 뒷면은 담녹색 또는 자주색이다. 앙증맞은 꽃이 핀다.

컬러

파란색, 보라색, 핑크색, 빨간색, 노란색, 흰색, 이중색

개화기간

수년

기르는 방법

물주기 토양을 촉촉하게 유지한다. 물을 줄 때 잎이 젖지 않게 한다.
빛 밝은 간접 광
온도 18°C~24°C
비료 2주에 한 번
손질하기 오래된 꽃대와 잎은 잘라낸다.
분갈이 토양을 생기 있게 하기 위해 일년에 한 번씩 분갈이한다. 화분에서의 뿌리의 밀도는 중간 정도로 한다.

유의사항

빛이 너무 적으면 꽃이 잘 안 피기도 하며, 꽃을 피우기 위해서는 밤마다 여덟 시간 정도의 어둠이 필요하다. 건조한 공기, 햇빛에 과하게 노출되거나 물주기가 잘못되면 잎이 누렇게 되거나 갈색 점이 생기기도 한다. 지나치게 습하게 되면 잿빛곰팡이가 생길 수 있다.

에틸렌 민감성 낮음

DID YOU KNOW?

아프리칸 바이올릿은 줄기를 잘라 심는 방법으로도 번식시키기 쉽다.

안수리움
an·thu·ri·um

anthurium 안수리움

학명 *Anthurium* spp.
발음 안수리움
통칭 플라밍고 플라워(Flamingo flower), 테일플라워(Tailflower)

생김새

다년생 열대 식물인 안수리움은 반짝이는 큰 암녹색 잎과 가느다란 꽃자루가 있다. 이 꽃자루는 자웅동체인 꽃으로 가득한 과육 줄기(꽃차례)에서 끝난다. 색이 있고, 하트 모양인 잎은 사실 불염포라고 불리는 잎의 포엽이다.

컬러

빨간색, 핑크색, 주황색, 녹색, 갈색, 흰색, 이중색

개화기간

1년 이상. 계속해서 꽃이 피며 각각의 꽃은 8주간 핀다.

기르는 방법

물주기 토양을 촉촉하게 습도를 높게 유지한다.
빛 보통에서 밝은 간접 광
온도 18℃~27℃. 낮과 밤의 온도가 다르게 보완하는 것이 가장 좋으며 송풍구나 히터 등에서 멀리 떨어지게 위치한다.
손질하기 시든 꽃과 잎은 제거한다.
분갈이 매년 봄에 실시

유의사항

빛이 부족하면 꽃피는 것이 억제된다. 물을 너무 많이 주거나 물속에 잠기도록 하는 것, 지나친 시비는 잎이 노랗게 변하는 원인이 된다. 이 식물의 모든 부분은 독성이 있을 수 있으므로 어린이나 애완동물들이 가까이하지 않도록 한다.

에틸렌 민감성 낮음

DID YOU KNOW?

화려한 불염포가 오래 지속되도록 하고 꽃가루가 떨어지는 것을 방지하기 위하여 가운데 부분의 기둥(육수화서)을 잘라줄 수 있다.

014

엘라티올베고니아
be·go·nia

begonia 엘라티올베고니아

- **학명** *Begonia* x *hiemalis* (*syn. B* x *elatior*), others
- **발음** 베고니아 히에말리스
- **통칭** 윈터플라워링 베고니아(Winter-flowering *Begonia*), 리거 하이브리드 베고니아(Rieger hybrid *Begonia*)

생김새

엘라티올베고니아는 잎과 꽃이 매력적인 식물이다. 상업적인 용도로 재배된 엘라티올베고니아종들의 대부분은 교배종들이다. 윈터플라워링 베고니아는 생김새가 동백꽃과 매우 비슷하다. 윤이 나는 넓은 잎이 있다.

컬러

꽃잎은 자주색, 붉은색, 핑크색, 오렌지색, 복숭아색, 노란색, 흰색 등
잎은 은색, 회색, 자주색, 녹색, 붉은 갈색, 청동색

개화기간

수개월
꽃은 각각 5일에서 7일간 피어있다.

기르는 방법

물주기 한번 물을 준 후 다음 물주기 전까지 약간 마른 채로 둔다.
빛 꽃을 피우기 위해서는 밝은 빛이 필요하다.
온도 16℃~24℃
손질하기 시들기 시작하는 꽃잎을 떼어 정리해주면 꽃이 피어있는 기간이 길어진다.

유의사항

물을 너무 많이 주면 잎이 노랗게 혹은 갈색으로 변하며 떨어지게 된다. 베고니아는 잿빛곰팡이, 흰가루병, 가루깍지벌레, 응애, 깍지벌레에 약하다.

에틸렌 민감성 중간

DID YOU KNOW?

학명인 *Begonia* x *hiemalis*에서 X는 같은 속에서 최소한 2가지 이상 종의 결합이 이루어졌다는 것을 뜻한다. '히에말리스 hiemalis'는 히말라야 산맥에서 유래되었다는 'of the Himalayan'를 의미한다.

오니소갈럼
star-of-beth·le·hem

star-of-bethlehem 스타 오브 베들레헴

- **학명** *Ornithogalum*
- **발음** 오니소갈럼
- **통칭** 스타 오브 베들레헴(Star-of-Bethlehem), 친체린치(Chincherinchee), 원더 플라워(Wonder flower)

생김새

오니소갈럼은 알뿌리 식물이다. 꽃은 잎이 달리지 않은 매끈한 꽃대의 꼭대기에 별 모양을 한 꽃들이 수상화서를 이룬다. (수상화서: 한 개의 긴 꽃대 둘레에 여러 개의 꽃이 이삭 모양으로 피는 화서)

컬러

흰색, 아이보리색, 황금빛 노란색, 주황색

개화기간

수개월에서 수년간

기르는 방법

물주기 토양을 촉촉하게 유지한다.
빛 밝은 간접 광
온도 시원하게 13℃~18℃
꽃 다시 피우기 꽃이 피는 것이 멈춘 후 알뿌리에 붙어있는 잎들을 그대로 보관한다. 잎들이 시들면 흙이 마르도록 그대로 둔다. 다음 시즌에 다시 꽃을 피우도록 알뿌리들을 다른 화분이나 야외에 옮겨 심는다.

유의사항

오니소갈럼은 햇빛 쪽을 향해 성장하므로 화분을 자주 돌려주어 줄기가 지나치게 휘어지지 않도록 한다. 이 식물과 접촉하면 피부염이 생기거나 피부에 다른 자극이 될 수 있으므로 어린이와 애완동물들로부터 멀리 둔다. 만일 식물을 삼키게 되면 속이 메스껍게 되고 통증이 생길 수 있다.

에틸렌 민감성 낮음

DID YOU KNOW?

오니소갈럼은 특히 인기가 많은 절화이다. 일반적인 이름 중 하나는 'wonder flower 원너플라워'인데 이것은 이 꽃들이 물에 담가만 두어도 2주 정도의 긴 기간 동안 잘 자라기 때문에 붙여진 이름이다.

철쭉
a·za·lea

azalea 아잘레아

학명 *Rhododendron simsii*
발음 로도덴드론 심지 아이
통칭 아잘레아(Azalea), 플로리스트 아잘레아(Florists' azalea)

생김새

아잘레아는 깔때기 모양의 꽃이 무리 지어 핀다. 잎은 작고 길쭉하며 색은 암녹색이다. 전형적인 아잘레아는 30~50cm 정도 높이의 작은 관목이지만 최근에는 토피어리모양으로 다듬어져 재배되기도 한다.

컬러

빨간색, 핑크색, 복숭아색, 살구색, 보라색, 연보라색, 흰색, 다양한 색.

개화기간

꽃봉오리부터 6주 정도까지 꽃이 핀다. 개화 기간은 2~4주 정도 된다.

기르는 방법

물주기 토양을 고르고 촉촉하게 유지해 준다.
빛 밝은 간접 광
온도 16℃~22℃
손질하기 시든 꽃은 즉시 제거하고 꽃잎 위쪽으로 자라는 새싹들을 잘라낸다.

유의사항

토양이 바짝 마르면 잎이 쪼글쪼글해지고 시들기 시작한다. 잎의 색이 갈색으로 변하는 것은 뿌리가 썩기 시작하는 것일 수 있고, 잎이 노랗게 되는 것은 철분 부족인 경우이다. 이때에는 철분이 포함된 영양제를 주는 것이 좋다. 날씨가 너무 고온이거나 건조할 때는 잎 뒷면의 응애 발생에 유의해야 한다.

에틸렌 민감성 중간

DID YOU KNOW?

미국 알레르기, 천식, 면역학 학술원에서는(The American Academy of Allergy, Asthma and Immunology) 아잘레아를 알레르기를 유발하지 않는 분화식물로 지정하였다.

치자
gar·de·nia

gardenia 가드니아

학명 *Gardenia augusta* (syn. *G. jasminnoides*)
발음 가드니아어거스타(자스민 오이디즈)
통칭 케이프 자스민(Cape jasmin)

생김새

치자는 윤이 나고 어두운 초록색 잎을 가지고 있으며 짙은 향이 난다. 잎은 동백나무 잎처럼 생겼으며 왁스를 바른 것 같은 느낌의 꽃잎이 달린 꽃들은 지름이 7cm까지 자라기도 한다.

컬러

밝은 흰색. 아이보리색이나 시간이 지나면서 옅은 노란색을 띈다.

개화기간

꽃은 3일에서 8일 정도 피어있지만, 식물은 실내에서 10년 이상을 산다.

기르는 방법

물주기 토양을 약간 촉촉하게 유지한다. 습도를 높게 하는 것이 좋으나 잎에 물이 닿지 않게 한다.
빛 밝은 간접 광
온도 온도 차가 크지 않도록 일정한 온도를 유지하는 것이 필요하다. 밤에는 17℃~19℃, 낮에는 21℃~23℃를 유지해 준다.
비료 봄부터 가을까지 2~3주에 한 번씩 철쭉(아잘레아) 영양제나 비알칼리성(산성) 비료를 공급한다.
가지치기 시든 꽃들은 제거하고 개화기가 지나면 가지치기를 한다.

유의사항

적절한 온도를 맞춰주지 못했을 때 혹은 과다하게 물을 주게 되어 물속에 뿌리가 잠겨 있게 하거나, 화분 내의 물 빠짐이 좋지 않을 경우 잎이 노랗게 변하고 아직 피지 않은 꽃봉오리나 잎은 쉽게 떨어진다.
에틸렌 민감성 중간

DID YOU KNOW?

한때 치자는 남아프리카의 케이프오브 굿흐프에서 있을 기라고 여겨졌지만 사실 중국의 남부지방이 원산지이다. 이 식물의 강한 향기 때문에 케이프 자스민이라는 이름으로도 불린다.

칼라
cal·la

calla 칼라

학명 *Zantedeschia* spp.
발음 잔테데스키아
통칭 칼라(Calla), 아룸 릴리(Arum lily), 피그 릴리(Pig lily), 트럼펫 릴리(Trumpet lily)

생김새

깔때기 형태의 포(spathe, 꽃잎 형태를 가졌으나 사실은 색깔이 입혀진 잎)가 육수화서라고 불리는 두툼한 이삭을 둘러싸고 있다. 진짜 꽃은 육수화서 위에 있는 작은 돌기들이다. 보통의 칼라는 크기가 약 15cm이며 미니 칼라는 7~12cm 정도이다.

컬러

보통 칼라: 흰색, 핑크색, 흰색/녹색, 얼룩지고 붉은 핑크색
미니 칼라: 흰색, 핑크색, 빨간색, 청담색, 주황색, 노란색, 연보라색, 보라색, 이중색

개화기간

3주~9주

기르는 방법

물주기 토양을 촉촉하게 유지한다.
빛 밝은 간접 광
온도 10℃~23℃
꽃 다시 피우기 한번 꽃이 피고 나면 잎들이 모두 시들도록 놔둔다. 시든 잎을 모두 떼어내고 화분을 습도가 약간 있는 시원하고 그늘진 곳에 둔다. 늦가을이나 겨울철에는 덩이줄기를 옮겨심기하고 약간 경사지게 놓고 점차 온도는 높여주고 물은 많이 주며 빛은 밝게 해준다.

유의사항

응애, 진딧물을 주의한다. 감염된 식물들은 살충 비누로 처리한다.
에틸렌 민감성 낮음

DID YOU KNOW?

보통 칼라 릴리라고 불리기는 하지만 이 꽃들은 백합과는 관련이 없다. 백합은 백합과(*Liliaceae*)이고 칼라는 천남성과(*Araceae*)이다.

칼랑코에
kal·an·cho·e

kalanchoe 칼랑코에

학명 *Kalanchoe blossfeldiana*
발음 칼랑코에 블로스펠디아나
통칭 플레이밍 케이티(Flaming Katy)

생김새

칼랑코에는 두껍고 미끄러우며 짙은 녹색을 한 잎들이 빽빽하게 들어찬 바닥에서 내뻗은 작고 관으로 되어있는 줄기에 4개의 꽃잎을 가진 꽃들이 밀집되어있는 단단한 관목 같은 느낌의 식물이다.

컬러

핑크와 강한 핑크색, 빨간색, 다홍색, 오렌지색, 연어살색, 산호색, 노란색, 자주색, 흰색

개화기간

꽃피는 기간은 2주에서 6주이다.
잘 관리한다면 2~3년 동안 키울 수 있으며 꽃은 다시 핀다.

기르는 방법

물주기 다음번 물주기 전까지는 화분 표면이 말라있도록 한다.
빛 약간의 직사광선을 포함한 밝은 광. 이딩게 하여 불그스름한 색을 얻을 수 있다.
온도 16℃~24℃
손질하기 꽃이 시들고 나면 꽃이 달린 줄기를 싹둑 잘라낸다.
화분 다시 심기 매년 늦은 봄이나 이른 여름.

유의사항

너무 습하거나 온도가 낮은 환경에서는 잿빛곰팡이가 생길 수 있다. 충분하지 못한 햇빛과 에틸렌 가스에 노출되는 것은 꽃이 시들고 잎이 노랗게 변하는 원인이 된다. 진딧물과 응애, 깍지벌레에 주의한다.

에틸렌 민감성 높음

DID YOU KNOW?

꽃을 다시 피우기 위해서는 새로운 꽃봉오리가 형성되기 전에 2주에서 2달간 매일 14~16시간을 완전히 어두운 곳에 보관하여야 한다.

캄파눌라
cam·pan·u·la

campanula 캄파눌라, 초롱꽃

학명 *Campanula* spp.
발음 캄파눌라
통칭 켄터베리 벨(Canterbury bells), 벨플라워(Bellflower), 블루벨(Bluebell), 침니 벨(Chimney bells), 폴링 스타(Falling stars)

생김새

캄파눌라는 형태와 쓰임새가 다양한 일년생, 이년생, 다년생 식물을 말한다. 꽃은 종과 비슷한 형태의 깔때기 모양이며 지름은 2~5cm 정도이다. 긴 줄기의 끝 부분에 무리 지어서 핀다.

컬러

남보라색, 보라색, 핑크색, 흰색

개화기간

수개월
3주 이상 꽃이 피는데, 각각의 꽃들은 5~7일 정도 피어있다.

기르는 방법

물주기 토양을 촉촉하게 유지한다. 매일 물을 분무해준다.
빛 밝은 간접 광
온도 19℃~24℃
손질하기 꽃이 모두 피고 난 뒤에는 제멋대로 자란 줄기들을 정리해서 새로운 꽃이 필 수 있도록 한다.

유의사항

물 주는 것이 불규칙하거나, 흙이 마른 채 오래 두게 되면, 꽃봉오리들이 떨어진다. 캄파눌라는 냉장고에 보관하지 않는다. 갑작스럽게 온도가 떨어지게 되면 잎이 떨어지거나 시들거나 타들어 가기도 한다. 진딧물, 삽주벌레, 개각충, 가루이등 해충에 주의한다.

에틸렌 민감성 중간

DID YOU KNOW?

캄파눌라는 가지치기를 하거나 시든 꽃을 제거해주면 꽃이 피어있는 기간이 길어진다.

튤립
tu·lip

tulip 튤립

학명 *Tulipa*
발음 툴리파
통칭 튤립

생김새
튤립의 품종들은 꽃의 형태에 따라서 15개의 그룹으로 나누어진다. 알뿌리 식물을 대표하는 이 식물은 편평한 줄기와 비늘 모양의 잎들을 가졌는데 잎들은 알뿌리가 꽃과 줄기들을 낼 수 있도록 영양분을 저장하고 공급하는 일을 한다.

컬러
빨간색, 핑크색, 오렌지색, 연어살색, 복숭아색, 살구색, 노란색, 자주색, 연보라색, 흰색, 이중색

개화기간
7일에서 14일

기르는 방법
물주기 토양이 촉촉하되 질척하지 않도록 한다.
빛 밝은 간접 광
온도 7℃ 이하의 시원한 곳에 진열
손질하기 시든 꽃잎들은 제거한다.

유의사항
튤립의 줄기는 보통 길게 늘어지는 성향이 있으므로 화분 내에서 더 자랄 것을 염두에 두고 관리해야 한다. 만일 화분에서 줄기가 너무 길게 자라면 나무막대기로 지지대를 대준다. 가장 흔하게 나타나는 해충은 진딧물이며 물로 씻어낼 수 있다. 화분 내의 흙에서 물이 완전히 빠지도록 하여 식물이 물속에 잠기는 일이 없도록 주의해야 잿빛곰팡이를 예방할 수 있다.
에틸렌 민감성 품종에 따라 다르다.

DID YOU KNOW?

튤립은 꽃의 모양이 터키 사람들의 머리를 감싸는 터번의 모양과 비슷하다고 하여 터키어의 'tulband(turban)'에서 유래되었다.

포인세티아
poin·set·ti·a

poinsettia 포인세티아

- **학명** *Euphorbia pulcherrima*
- **발음** 유포비아 풀케리마
- **통칭** 포인세티아(Poinsettia), 크리스머스 스타(Christmas star), 맥시칸 플레임리프(Maxican flameleaf)

생김새

포인세티아는 짙은 녹색의 잎들 위쪽으로 변형되어 생긴 붉은 포엽이 있다. 꽃은 이 포엽들 중앙에 있는데 작고 대부분 노란색이며 산딸기처럼 생겼다.

컬러

가장 흔한 색은 빨간색과 진홍색이지만 핑크색과 복숭아색, 흰색, 아이보리색, 노란색, 연녹색, 점박이 혹은 줄무늬의 대리석(marble) 색들이 있다. 색을 빼거나 다른 색으로 염색한 포인세티아도 있다.

개화기간

수 주에서 수개월

기르는 방법

물주기 토양이 적당히 촉촉하도록 한다.
빛 매일 최소한 6시간 이상 간접 광을 받도록 한다.
온도 16℃~21℃

유의사항

차가운 외풍에 노출되거나 덥고 건조하게 되면 잎의 가장자리가 노랗게 되거나 해충들이 번식할 수 있다. 차가운 공기에 닿거나 지나치게 물을 많이 주면 잿빛곰팡이가 생기기도 한다. 물을 많이 줘서 물속에 잠겨있게 되면 잎이 떨어진다.

에틸렌 민감성 다양하다.

민감한 종들은 웃자라는 현상을 보이는데 이런 경우 잎과 포엽은 시들고 줄기는 비틀어지고, 잎은 떨어지게 된다.

DID YOU KNOW?

포인세티아가 유독성이라고 알려졌는데 이것은 잘못된 정보이다. 포인세티아는 사람과 다른 동물들에게 독성이 없다.

프리뮬라
prim·rose

primrose 프림로즈, 프리뮬라, 앵초

- **학명** *Primula* spp.
- **발음** 프리뮬라
- **통칭** 잉글리쉬 프림로즈(English Primrose)

생김새

지름 3~4cm 정도 크기의 둥근 꽃잎들이 잎들 위로 송이를 이루며 다양한 모양을 가진다. 여러 가지 녹색을 띤 잎들은 보통 무리를 형성한다.

컬러

빨간색, 핑크색, 주황색, 노란색, 파란색, 자주색. 대부분의 경우 꽃의 가운데 부분에 별모양이나, 원형, 조개껍데기 형태의 노란색 중심 부분이 나타난다.

개화기간

실내에서는 2주~4주. 어떤 종들은 꽃이 피고 난 후에 야외에 옮겨 심을 수 있다.

기르는 방법

물주기 토양을 촉촉하게 유지한다.
빛 밝은 간접 광
온도 13℃~18℃
손질하기 시든 꽃잎들은 제거한다.

유의사항

온도가 높으면 꽃들이 빨리 시들고, 뿌리가 물속에 잠기거나 직접 광을 받게 되면 꽃과 잎들이 시들게 된다. 진딧물과 응애를 주의한다.
에틸렌 민감성 다양하다. 이산화황 등에 공기가 오염되면 되면 식물이 해를 입을 수 있다.

DID YOU KNOW?

많은 품종이 프리지아 향 같은 아주 아름다운 향을 가지고 있다.

024

하와이무궁화
hi·bis·cus

hibiscus 히비스커스

학명 *Hibiscus rosa-sinensis*
발음 히비스커스 로자시넨시스
통칭 차이나 로즈(China rose), 로즈 멜로우(Rose mallow)

생김새

하와이무궁화는 크고 밝은색의 얇은 꽃잎으로 이루어진 꽃으로 인기가 있다. 이 꽃은 10~15cm 정도까지 자라는데 아름다운 진녹색의 잎은 이 꽃을 돋보이게 한다. 꽃은 홑꽃과 겹꽃이 모두 있다.

컬러

빨간색, 핑크색, 주황색, 노란색, 보라색

개화기간

각각의 꽃들은 하루나 이틀 정도 피어있지만 봄부터 가을까지 계속해서 피어나고 화분은 수년간 유지된다.

기르는 방법

물주기 토양을 촉촉하게 유지한다. 난방이 되고 건조한 공간에서는 매일 분무한다.
빛 밝은 간접 광
온도 18℃~24℃
가지치기 시든 꽃은 잘라내고 웃자라는 것을 방지하기 위해서는 정기적으로 가지치기를 한다. 늦은 겨울에 필요 없는 가지를 잘라내면 새로운 잎이 자라고 꽃이 피는 데 도움이 된다.

유의사항

건강하고 영양분이 풍부한 식물은 해충들의 공격에도 강하다. 대부분의 경우 비료로 낮은 함량의 인산염을 준다. 온도가 갑자기 떨어지거나 뿌리가 물에 잠기거나 물을 지나치게 많이 주게 되면 꽃잎이 떨어질 수 있다. 햇빛이 적으면 잎이 노랗게 되거나 떨어진다.

에틸렌 민감성 낮음

DID YOU KNOW?

푸아 알로알로(Pua Aloalo)로도 알려진 히비스커스는 하와이주의 꽃이다.

025

히아신스
hy·a·cinth

hyacinth 히아신스

학명 *Hyacinthus orintals*
발음 히아신더스 오리엔탈
통칭 히아신더스(Hyacinth), 더치 히아신스(Dutch hyacinth),
가든 히아신스(Garden hyacinth)

생김새

히아신스는 알뿌리에서 자라는 다년초이다. 꽃들은 향이 매우 좋으며 꽃잎의 촉감은 밀랍으로 만든 것 같은 느낌이다. 꽃들이 종 모양으로 피는데 잎이 없는 가느다란 꽃대에서 10~15cm 위쪽으로 수상꽃차례 형태로 무리 지어 핀다.

컬러

핑크색 계열들과 파란색, 보라색, 빨간색, 보라색, 복숭아색, 노란색, 흰색, 아이보리색

개화기간

7일~14일

기르는 방법

물주기 토양을 촉촉하게 유지하고, 가끔 분무하거나 습도 유지를 위해서 물이 담긴 자갈 쟁반 위에 놓는다.

빛 밝은 간접 광

온도 13℃~18℃

꽃 다시 피우기 꽃이 지고 나면, 꽃대를 자르고 잎이 마를 때까지 물과 영양분을 공급한다. 시든 잎을 제거하고 알뿌리를 시원하고 건조한 장소에 보관했다가 가을에 바깥에 심는다.

유의사항

꽃이 크고 무거워 줄기가 지탱하기 힘든 경우 막대기로 지지대를 해 주는 것이 좋다. 화분이 마르거나 차가운 외풍에 노출된 경우, 또는 물관리가 적절하게 되지 않은 경우, 또는 빛을 적게 쬐게 되면 잎이 노랗게 변하기도 한다.

에틸렌 민감성 낮음

DID YOU KNOW?

알뿌리 식물들은 피부 자극을 일으킬 수 있다. 알뿌리 식물을 만진 후에는 반드시 손을 깨끗이 씻고 꽃을 보는 이들에게도 이를 알려주도록 한다.

네프롤레피스
neph·ro·lep·is

nephrolepis 네프롤레피스, 보스턴고사리

- **학명** *Nephrolepis* spp. (대부분 *N. exaltata*)
- **발음** 네프롤레피스
- **통칭** 보스턴 펀(Boston fern), 스워드 펀(Sword fern), 페더 펀(Feather fern), 레이스 펀(Lace fern)

생김새

네프롤레피스 종류는 수천 가지 품종의 양치식물 중에서 차지하는 비율이 적은 편이다. 보스턴고사리와 줄고사리는 매우 인기 있는 품종으로 길게 갈라진 잎이 우아하게 늘어뜨려지는 모습으로 쉽게 구분된다.

수명

수년

기르는 방법

물주기 토양을 촉촉하게 유지하고, 자주 물을 분무한다.
빛 밝은 간접 광
온도 16℃~21℃
옮겨심기 뿌리가 화분에 가득 차면 봄에 분갈이한다.

유의사항

낮은 습도는 잎이 노랗게 되고 끝이 갈색으로 변하는 원인이 된다. 너무 적은 햇빛은 잎을 약하고 짙은 녹색으로 변하게 한다. 너무 많은 양의 햇빛은 잎을 옅은 녹색으로 변화시킨다.
에틸렌 민감성 낮음

DID YOU KNOW?

네프롤레피스는 미국의 플로리다 남부를 포함하는 열대지방이 원산지이다. 이 지역들에서는 네프롤레피스 속 식물들이 왕성하게 잘 자라는 특성 때문에 잡초로 여겨지기도 했다.

녹보수
ra·der·mach·er·a

radermachera 라더마케라

학명 *Radermachera sinica*
발음 라더마케라 시니카
통칭 차이나 돌(China doll), 아시안 벨 플라워(Asian bell flower)

생김새

녹보수의 본래의 습성은 상록수로 15m 정도까지 자란다. 실내 관엽식물로 잎맥이 깊게 파여 뚜렷하고, 반짝이는 끝이 뾰족한 작은 잎들이 크게 무리 지어 자란다.

수명

수개월에서 수년

기르는 방법

물주기 토양을 촉촉하게 유지한다.
빛 밝은 간접 광
온도 20℃~24℃
분갈이 필요하다면 봄철에 분갈이한다.

유의사항

차가운 외풍을 맞지 않도록 하며 진딧물과 깍지벌레가 생기지 않도록 주의한다.
에틸렌 민감성 높음.
에틸렌에 노출되면 잎이 떨어진다. 담배 연기나 에틸렌 가스를 발생시키는 물질늘로부터 멀리 둔다.

> **DID YOU KNOW?**
>
> 야생의 녹보수는 크게 자라며 종 모양의 꽃을 피우는데, 실내에서 키우게 되면 거의 꽃이 피지 않는다.

드라세나
dra·cae·na

dracaena 드라세나

학명 *Dracaena* spp.
발음 드라세나, 드라케나
통칭 콘 플랜트(Corn plant),
마다가스카르 드래곤 트리(Madagascar dragon tree)

생김새

긴 야자나무같이 생긴 잎들을 가지고 있는 드라세나는 주로 녹색을 띠고 있으나 품종에 따라 노란색, 흰색, 빨간색 등의 다양한 색깔이 나타난다. 모양 때문에 때로 가짜 야자(false palms)라고 불리기 하지만, 드라세나는 야자 종류가 아니고 용설란(*Agavaceae* 혹은 *Agave*) 속 식물이다.

수명

10년 혹은 그 이상

기르는 방법

물주기 토양을 촉촉하도록 유지하고, 규칙적으로 물을 분무한다.
빛 밝은 간접 광
온도 19℃~24℃
옮겨심기 2~3년에 한 번씩 봄에 분갈이한다.

유의사항

깍지벌레 예방을 위해서 잎을 정기적으로 닦아 준다. 깍지벌레는 손으로 제거할 수도 있으며 응애는 살충 비누로 씻어낼 수 있다. 직사광선에 노출되면 잎이 탈 수 있으며 색이 바래는 현상이나 마른버짐이 나타날 수 있다. 화분이 물속에 잠겨있으면 잎 위에 누런 반점이 생기기도 한다. 이렇게 반점이 생기거나, 잎끝이 누렇게 되는 현상은 너무 물을 적게 주거나 공기가 너무 건조할 때도 나타난다.

에틸렌 민감성 낮음

DID YOU KNOW?

적절하게 관리하고 제대로 된 환경적인 요건들을 갖추었음에도 2년 정도 지난 후 잎이 노랗게 변하고 죽는 것은 식물 고유의 특성으로 새로운 줄기를 만들기 위해서이다.

디펜바키아
dief·fen·bach·i·a

dieffenbachia 디펜바키아

학명 *Dieffenbachia* spp.
발음 디펜바키아
통칭 덤 케인(Dumb cane), 스포티드 덤 케인(Spotted dumb cane)

생김새

디펜바키아는 위로 곧게 자라는 줄기에 녹색과 아리보리색의 얼룩무늬가 있는 크고 두꺼운 잎이 있는 식물이다. 천남성과에 속하며 열대 아메리카의 토종식물이다. 디펜바키아와 가까운 계열로 흔하게 볼 수 있는 것으로 필로덴드론, 아글라오네마, 안수리움, 칼라, 스킨답서스 등이 있다.

수명

수년

기르는 방법

물주기 토양을 촉촉하게 유지하고, 잎에 자주 물을 분무한다. 화분 주변에 젖은 피트를 둘러준다. 가끔 잎을 닦는다.

빛 여름철에는 부분 그늘, 겨울철에는 더 밝은 빛을 받도록 한다.

온도 16℃~24℃

옮겨심기 매년 봄에 분갈이한다.

유의사항

노랑 잎이 보이거나 식물의 아랫부분에서 잎들이 뻗어 나오지 않았다면 구입하지 않는 게 좋다. 오래된 화분에서는 가장 아랫부분의 잎들이 떨어지는 경향이 있어 이런 경우 위로 솟아 있기만 하는 모양의 디펜바키아를 사게 될 것이기 때문이다.

에틸렌 민감성 낮음

DID YOU KNOW?

통칭 '덤 케인(dumb cane, 벙어리 줄기)'이라는 이름은 이 식물의 수액이 독성이 있어 혀와 성대 부분을 마비시켜 말을 잘 못하게 된다는 것에서 유래되었다. 잘린 부분을 만졌을 때는 손을 씻도록 한다.

마란타
ma·ranta group

maranta group 마란타 그룹

- **학명** *Maranta*(마란타), *Calathea*(칼라데아), *Ctenanthe*(크테난데)와 *Stromanthe*(스트로만데)
- **통칭** 헤링본 플랜트(herringbone plant), 프레이어 플랜트(prayer plant), 지브라 플랜트(Zebra plant), 래틀스네이크 플랜트(Rattlesnake plant)

생김새

마란타 종류는 잎들이 서로 바짝 붙어서 낮게 자란다. 색깔이 들어있는 줄기와 잎 표면에 있는 흰색, 녹색의 얼룩무늬가 특징이다. *Maranta*(마란타)와 Calathea(칼라데아), Ctenanthe(크테난데), Stromanthe(스트로만스)는 마란타(arrowroot)과 이다.

수명
수년

기르는 방법
물주기 토양을 촉촉하게 유지하고 규칙적으로 물을 분무한다.
빛 반그늘. 형광등 불빛에서도 잘 자란다.
온도 18℃~24℃

유의사항
직접 광이나 너무 밝은 햇빛에 노출되면 잎이 시들거나 타게 된다. 공기가 건조하거나 응애가 있어도 잎의 끝이 누렇게 변한다. 물을 많이 주어서 화분이 물에 잠겨도 잎이 노랗게 변하고 비틀어지거나 반점이 생길 수 있으며, 잎이 달린 줄기가 흐느적거리게 된다.

에틸렌 민감성 낮음

DID YOU KNOW?

Maranta 마란타는 보통 '프레이어 플랜트 prayer plant'라고도 불리는데, 이는 밤이 되면 잎이 위로 세워지는 특성 때문이다. 세워진 잎이 기도하는 손을 닮았다고 하여 붙여진 이름이다.

031

멕시코담쟁이
grape i·vy

grape ivy 그레이프 아이비

학명 *Cisscus rhombifolia.*
발음 씨서스 롬비폴리아
통칭 그레이프 아이비(Grape ivy), 베네주엘라 트리바인(Venezuela treebine)

생김새

멕시코담쟁이는 윤이 나는 잎을 가진 사계절 푸른 넝쿨 식물로 열악한 환경에서도 잘 견디는 것으로 유명하다. 포엽(Leaf bracts, 잎의 변태로 꽃이나 꽃받침을 싸고 있는 작은 잎. 싹이나 꽃봉오리를 싸서 보호하는 작은 잎을 가리키기도 한다)은 각각 3개의 작은 잎으로 구성되었는데 처음엔 은색을 띠다가 점점 짙은 녹색으로 변해간다. 잎은 3장의 잎이 달린 세 조각 잎인데 양쪽에 각각 3개의 톱니 모양을 가졌으며 잎의 뒷면은 붉은색을 띠기도 하며 털이 나 있는 갈색 줄기를 가졌다.

수명

수개월에서 수년

기르는 방법

물주기 토양을 촉촉하게 유지하고 매일 물을 분무한다.
빛 밝은 간접 광
온도 16℃~24℃
손질하기 한 달에 한 번 정도 미지근한 물을 나무 전체에 뿌려 먼지 등을 제거한다.

유의사항

물을 너무 많이 주면 잎이 노랗게 되거나 갈색 점이 생기기도 한다. 화분이 물에 잠기거나 주변 온도가 너무 높아도 잎이 떨어지고, 결국 뿌리만 남고 가지가 말라 죽을 수 있다. 반면에 빛이 너무 적으면 새로 나오는 잎들의 크기가 작아진다. 진딧물과 깍지벌레, 응애 등을 주의한다.

에틸렌 민감성 알려진 바 없음

DID YOU KNOW?

공중걸이 화분에 심지 않았다면, 그레이프 아이비의 뻗어 나오는 넝쿨손을 지탱해 줄 지지대가 필요하다. 멕시코담쟁이(C. rhombifolia)종은 3~4m 이상까지 타고 오르기도 한다.

벤자민고무나무
fi·cus

ficus 피커스

학명 *Ficus* spp.
발음 피커스
통칭 오너멘탈 피그(Ornamental fig), 밴얀(Banyan), 러버 트리(Rubber tree)

생김새
피커스 속은 커다란 나무에서 넝쿨 식물(climbing vines)까지 여러 종류의 종들을 망라하고 있다. 특성은 매우 다양하지만, 대부분은 넓은 타원형이거나 좁고 뾰족한 잎을 가지고 있다. 교배해서 개발된 신품종들은 전형적인 녹색의 잎에서 벗어나 여러 가지 색의 잎들이 나오기도 한다. 실내에서 키우는 경우 열매를 맺지 않는다.

수명
5년 이상

기르는 방법
물주기 토양을 약간 촉촉하게 유지하고 가끔 분무한다.
빛 보통에서 밝은 간접광
온도 18℃~24℃
옮겨심기 2~3년에 한 번씩 봄에

유의사항
환경을 바꾸게 되면 잎이 떨어지는 수가 있다. 적응하기까지 몇 주가 걸리기도 한다. 물을 많이 주게 되면 잎이 노랗게 되기도 하며, 너무 물이 적어도 잎이 갈색으로 변한다. 깍지벌레, 응애, 가루깍지벌레 등의 해충이 발생하지 않도록 주의한다. 해충이 발생한 경우 살충 비누로 씻어내거나, 유제 비누(soap-oil)를 분무한다.
에틸렌 민감성 낮음. (품종에 따라 차이가 있음.)

DID YOU KNOW?
피커스(Ficus)는 라틴어로 '먹을 수 있는 식물(edible fig)'에서 유래되었다.

산세베리아
san·se·vie·ri·a

sansevieria 산세베리아

학명 *Sansevieria trifasciata*
발음 산스바리아 트리파시아타
통칭 마더인로스 텅(Mother-in-law's tongue), 스네이크 플랜트(Snake plant)

생김새

산세베리아의 잎 모양은 매우 특이하다. 잎들은 거의 수직으로 서 있으며 두툼하고 칼처럼 생겼다. 잎의 가장자리는 금색이나 흰색의 띠가 둘린 것 같은 무늬가 있다. 척박한 환경에서도 잘 자라는 것으로 알려진 산세베리아지만 물을 많이 주거나 온도가 너무 낮으면 죽는다.

수명

수년

기르는 방법

물주기 다음 물주기까지 토양이 마른 채로 있도록 둔다. 식물의 중심부는 젖지 않도록 한다.

빛 약간의 직사 광을 포함한 밝은 광. 그러나 성장은 그늘에서 한다.

온도 18℃~24℃

분갈이 식물이 너무 커서 맞지 않을 때

유의사항

겨울철에 물을 너무 많이 주면 밑뿌리가 썩기도 한다. 만일 과습하지 않았는데도 밑 부분이 썩는다면 식물이 냉해를 입었을 가능성이 높다. 산세베리아의 잎에 갈색 반점이 번지기도 하는데 원인과 치료가 잘 알려져 있지 않다.

에틸렌 민감성 낮음

DID YOU KNOW?

산세베리아는 이른 봄에 포기나 누기를 하여 번식시킬 수 있다.

소철
sa·go palm

sago palm 사고 팜

학명 *Cycas revoluta*
발음 시카스 레볼루타
통칭 사고 팜(Sago palm)

생김새

소철은 짙은 녹색의 딱딱한 긴 잎들이 달린 가지들이 특징이다. 실내에서 90cm 정도까지 자란다. 전체적인 형태는 배드민턴 공을 거꾸로 세워놓은 듯한 모습이며 줄기들이 수직으로 서기보다는 바깥쪽으로 아치형을 그리게 된다. 처음에는 흙에서 줄기가 바로 나오지만 해가 지날수록 짧고 두꺼운 몸통이 발달한다.

수명

수년

기르는 방법

물주기 토양을 촉촉하게 유지한다.
빛 밝은 간접 광
온도 16℃~29℃

유의사항

노랑 잎이 생기는 것은 물과 영양분이 적절하지 않을 때 나타나는 현상이다. 또한 너무 건조하거나 물이 부족해도 잎끝이 누렇게 변하고 가루깍지벌레나 깍지벌레 같은 해충들이 생긴다.
에틸렌 민감성 알려진 바 없음

DID YOU KNOW?

소철은 외형적으로 보아서는 야자수와 비슷해 보이나 진짜 야자과 식물(the *Palmae* family)들과는 별 연관성이 없다.

스킨답서스
po·thos

pothos 포토스

학명 *Epipremnum aureum*
발음 에피프렘넘 아우레엄
통칭 포토스(Pothos), 골든 포토스(Golden pothos), 데블스 아이비(Devil's ivy)

생김새

스킨답서스는 공중 뿌리를 가진 넝쿨 식물이며 하트 모양의 잎은 품종에 따라서 다양한 무늬를 가지고 있다.

수명

스킨답서스는 거의 돌보지 않아도 잘 자라서 실내에서 오래 키울 수 있는 식물 중의 하나이다.

기르는 방법

물주기 다음번 물 줄 때까지 화분 내 토양이 약간 마르도록 둔다.
빛 밝은 간접 광
온도 16℃~29℃
분갈이 필요하다면 매년 봄에 분갈이한다. 식물의 크기를 조절하기 위하여 줄기의 1/3가량과 뿌리를 잘라낼 수 있다.

유의사항

물을 너무 많이 주면 잎 가장자리가 늘어지고 노랗게 변하거나 줄기가 썩을 수 있다. 물속에 잠기게 되면 잎끝이 갈색으로 변하거나 반점이 생긴다. 빛을 충분히 받지 못하게 되면 잎의 다양한 색깔이 퇴색된다. 새로 나오는 잎은 전체적으로 녹색을 띠나 점점 다양한 무늬가 나타난다.

에틸렌 민감성 중간

> **DID YOU KNOW?**
>
> 잘라낸 줄기는 바로 화분에 심지 않고 물이 담긴 유리 용기에 꽂아 놓을 수 있는데, 그 상태로 뿌리를 내리고 수개월간 살 수 있다.

스파티필럼
peace li·ly

peace lily 피스릴리

학명 *Spathiphyllum* spp.
발음 스파타필럼
통칭 피스 릴리(Peace lily), 화이트 플래그(White flag), 화이트 세일즈(White sails), 스파트 플라워(Spathe flower)

생김새

콜롬비아가 원산지인 스파티필럼은 잎이 긴 창처럼 생겼는데 넓고 윤기나며 진한 녹색 잎이 특징이다. 매년 한 번 이상 희고 토란꽃과 비슷한 모양의 꽃이 핀다. 같은 종류로는 필로덴드론과 안수리움, 스킨답서스, 아글라오네마, 칼라 등이 있다.

수명

수년

기르는 방법

물주기 토양을 촉촉하게 유지하고, 잎에 자주 물을 분무한다.

빛 여름철엔 반그늘, 겨울철엔 밝은 간접 광

온도 18℃~24℃

분갈이 뿌리가 가득 차면 봄에 분갈이하는데, 이때 포기를 나누어 심을 수 있다.

유의사항

물을 적게 주면 잎이 처지고 시들기 시작한다. 반복해서 시들게 되면 잎끝이 갈색으로 변할 수 있다. 햇빛을 너무 많이 받게 되면 잎이 노랗게 변한다. 꽃이 피지 않으면 비료를 주는 것이 좋다.

에틸렌 민감성 없음

DID YOU KNOW?

스파티필럼은 포름알데히드나 벤젠, 일산화탄소 등과 같은 실내공기 오염물질을 제거하는데 탁월한 효과가 있다. 나사(NASA)가 정한 공기정화 식물 중 공기정화 능력 최상위에 속한다.

싱고니움
syn·go·ni·um

syngonium 싱고니움

학명 *syngonium podophyllum*
발음 싱고니움 포도필럼
통칭 애로우헤드 플랜트(Arrowhead plant), 넵시티스(Nephthytis)

생김새

잎은 무늬가 없는 녹색이거나 얼룩무늬가 있을 수도 있다. 처음에는 화살촉 모양이다가 자라면서 점차 끝이 펴지면서 세 갈래로 갈라진다. 모양이 비슷한 아프리카의 nephthytis와 혼동하여 nephthytis라고도 불리지만 서로 다른 종이며 실제 명칭은 싱고니움이다.

수명

수년

기르는 방법

물주기 토양을 약간 촉촉하게 유지한다. 물을 너무 많이 주는 것은 피한다.
빛 적당한 실내 광
온도 16℃~24℃
분갈이 2년마다 봄에 한 번씩

유의사항

지나치게 빛을 많이 받거나 직사광선을 쬐게 되면 잎의 빛깔이 흐려지고 잎이 생기를 잃고 처진다. 어린잎이 갈색을 띠거나 시들어 있는 것은 물이 부족한 경우이다. 깍지벌레와 가루깍지벌레가 생기지 않도록 조심하고 고온 건조한 환경에서는 응애가 발생할 수 있다.
에틸렌 민감성 낮음

DID YOU KNOW?

싱고니움은 덩굴성 식물이어서 자라면서 기어오르려는 속성을 띠게 된다. 싱고니움을 화분 가득 채워서 탄탄하게 유지하기 위해서는 기어오르는 줄기가 형성되는 성장기에 그 줄기를 잘라내야 한다.

아글라오네마
ag·la·o·ne·ma

aglaonema 아글라오네마

학명 *Aglaonema* spp.
발음 아글라오네마
통칭 차이니스 에버그린(Chinese evergreen)

생김새

아글라오네마의 잎들은 끝이 뾰족한 창 모양을 하고 있고, 전체적으로 녹색이거나 얼룩무늬가 있다. 키우기 쉽고 빛이 적게 드는 곳에서도 잘 자란다. 처음 몇 해 동안은 흙에서 직접 나온 줄기가 촘촘하게 서 있는 모양이지만 해가 지나면서 나무의 몸통처럼 발전한다. 실버퀸과 같은 인기 있는 품종들의 잎은 녹색이 거의 남지 않고 전체적으로 하얗게 변한다.

수명
수년

기르는 방법
물주기 토양을 약간 촉촉하게 유지한다. 건조한 곳에서는 규칙적으로 물을 분무한다.
빛 어두운 실내 광 혹은 반그늘
온도 18℃~21℃
옮겨심기 2~3년에 한 번씩 분갈이한다. 이 식물은 화분 내에 뿌리가 가득 차는 경향이 있다.

유의사항
차가운 외풍을 피한다. 그렇지 않은 경우 잎에 회색, 노란색 등의 반점이 생기고 잎 끝이 누렇게 변하거나 둥글게 말리게 된다. 빛을 너무 많이 받아도 잎의 색이 바래게 되고 자연스러운 아치 형태로 자라지 못하고 위로 쭉 솟게 된다. 진딧물과 깍지벌레를 주의한다.

에틸렌 민감성 알려진 바 없음

DID YOU KNOW?

아글라오네마 종들은(*Aglaonemas*) 포름알데히드나 벤젠, 일산화탄소와 같은 실내 공기 오염물질을 정화하는 식물 중 NASA가 발견한 최고의 식물로 꼽힌다.

아로우카리아
nor·folk is·land pine

norfolk island pine 노포크아일랜드파인

학명 *Araucaria heterophylla*
발음 아로우카리아 헤테로피아
통칭 노폭 아일랜드 파인(Norfolk island pine)

생김새

아로우카리아는 성장이 매우 더딘 침엽수이다. 가지들이 쭉쭉 뻗은 모양을 하고 수평으로 자라는데, 가지들은 층층이 배열되어 있으며 1cm 정도 길이의 바늘 모양의 잎들로 덮여있다. 묘목은 테라리움을 만들기에 매우 적당하며 크기가 작은 묘목은 테이블을 장식하는 데 안성맞춤이다. 실내에서도 2m 정도까지 자란다.

수명

수년

기르는 방법

물주기 토양을 약간 촉촉하게 유지하고, 가지 부분에 가끔 물을 분무한다.
빛 밝은 광. 가능하다면 습도가 높을 때를 골라서 여러 시간 동안 직접 광을 쬐게 한다.
온도 13℃~24℃
분갈이 어렸을 때는 매년, 더 커지면 3년에 한 번씩 분갈이한다.

유의사항

수평을 이루던 가지가 아래로 처지는 것은 빛이 너무 적거나 물을 너무 많이 주거나 온도가 지나치게 높을 때이다. 습도가 낮은 상태에서 밝은 직사광을 받게 되면 가지의 끝이 타버릴 수 있다. 뜨겁고 건조한 공기에 노출되거나, 물이 적어도 바늘잎이 떨어지거나 가지들이 말라 죽을 수 있다. 응애를 주의한다.

에틸렌 민감성 낮음

DID YOU KNOW?

아로우카리아는 그 자연적인 습성상 키는 약 70m까지, 나무줄기의 지름은 3m~4m까지 자랄 수 있다.

아스파라거스
as·par·a·gas fern

asparagas fern 아스파라거스 펀

학명 *Asparagus* spp.
발음 아스파라거스
통칭 '스프렝게리' 펀('Sprengeri' fern), 에메랄드 펀(Emerald fern), 폭스테일 펀(Foxtail fern), 플러모사 펀(Plumosa fern)

생김새

생긴 모습은 양치식물처럼 보이나 진짜 양치식물(fern, 관다발 식물 중에서 꽃이 피지 않고 홀씨로 번식하는 식물계의 한 문)은 아니다. 아스파라거스는 주로 우아한 솜털 같은 잎들을 보기 위해 키우는데 잎처럼 보이는 것들은 사실 바늘처럼 생긴 줄기이다. 아치형으로 길게 나부끼는 습성 때문에 걸어서 길게 늘어뜨리는 행잉 바스켓을 만들기에 적합하다. 아스파라거스는 키우기 쉬운 식물인데 진짜 양치식물들과 비교한다면 훨씬 더 수월하다.

수명

수개월에서 수년

기르는 방법

물주기 토양을 고루 촉촉하게 유지하고, 때때로 물을 분무한다.
빛 밝은 광에서부터 반그늘까지. 직사광선은 피할 것
온도 16℃~21℃
옮겨심기 매년 봄에 한다.

유의사항

물에 잠겨 있거나 햇빛을 지나치게 많이 받으면 잎들이 노랗게 되거나 가장자리가 갈색으로 변하며 햇볕에 타서 떨어지게 된다. 또한, 온도가 너무 높거나, 햇빛을 너무 적게 받아도 식물이 전체적으로 노랗게 변하며 잎을 떨구게 된다. 온도가 높고 건조한 환경은 응애가 활동하기에 알맞다.

에틸렌 민감성 낮음

DID YOU KNOW?

아스파라거스는 절화로 꽃꽂이를 할 때 매우 애용되는 소재이다.

041

아스플레니움
as·ple·ni·um

asplenium 아스플레니움

학명 *Asplenium nidus*
발음 아스플레니움 니두스
통칭 버드네스트펀(Bird's-nest fern)

생김새

아스플레니움 니두스는 양치식물임에도 길고 부드러운 느낌의 커다란 잎 때문에 평범한 일반 식물처럼 보인다. 녹색으로 밝게 빛나며 갈라진 모양의 잎은 흙에서 바로 나는데 끝으로 갈수록 점점 좁아진다.

수명

수년

기르는 방법

물주기 토양을 촉촉하게 유지하고, 물이 잎 중앙의 왕관 모양에 모이지 않도록 한다.
빛 약간 그늘지거나 간접 광
온도 16℃~21℃

유의사항

어린잎을 만지지 않도록 주의한다. 건조해지거나, 온도가 낮아지게 되면 잎들이 길색으로 변하게 된다. 아스플레니움은 나뭇잎 선충(foliar nematodes)이라고 부르는 벌레처럼 생긴 작은 해충에 매우 민감하다.

에틸렌 민감성 알려진 바 없음

> **DID YOU KNOW?**
>
> 양치식물들은 포자로 번식하는데 이 포자는 다 자란 잎의 아래쪽 표면 위에 나타나는 포자낭군(sori, 胞子囊群) 혹은 포자낭퇴(fruit dots, 胞子囊堆) 속에 들어 있다.

아이비
i·vy

ivy 아이비

학명 *Hedera* spp. (대부분 *H. helix*)
발음 헤데라
통칭 잉글리시 아이비(English ivy), 커먼 아이비(Common ivy),
그라운드 아이비(Ground ivy), 트루 아이비('True' ivy)

생김새

아이비는 잎이 삼각형 모양으로 얇게 갈라지며 색은 짙은 녹색에서 연두색까지 다양하다. 어떤 품종은 흰색과 회색, 아이보리색, 회색이나 노란색이 같이 나타나기도 한다. 아이비는 덩굴식물로 위로 타고 올라가도록 재배할 수 있다.

수명

수개월에서 수년

기르는 방법

물주기 토양을 촉촉하게 유지한다. 실내가 건조할 경우 특히 자주 물을 분무하고 가끔 잎을 닦아준다.

빛 밝은 광. 여름철에는 직접 광을 피한다.

온도 10℃~21℃

손질하기 2년에 한 번씩 봄에 분갈이한다.

유의사항

공기가 건조하고 온도가 너무 높아지면 응애가 생긴다. 이렇게 되면 잎의 끝이 누렇게 되고 마른다. 교배된 품종들의 경우 빛이 적으면 잎 전체가 녹색에서 변하지 않으며 줄기가 가늘고 길게 자라며 잎이 작아지게 된다.

에틸렌 민감성 낮음

DID YOU KNOW?

고대 그리스에서는 헤데라를 디오니소스 신을 위하여 죽을 때까지 춤을 추었던 요정이 이름을 따서 시소스(cissos)라고 불렀다. 시소스의 춤에 감동을 한 디오니소스는 그녀의 몸을 가까이에 있는 것이면 무엇이든지 휘감고 껴안는 아이비로 바꾸어 주었다.

알로카시아
a·lo·ca·si·a

alocasia 알로카시아

학명 *Alocasia*
발음 알로카시아
통칭 엘리펀트이어 플랜트(Elephant's-ear plant)

생김새

길고 꼿꼿하게 선 줄기에 하트 모양이나 화살촉 모양의 잎들이 달렸다. 이 잎들은 흰색과 회색, 은색, 황동색, 빨간색, 자주색 등의 진한 잎맥이 있다. 품종이 70종 이상이며 주로 실내에서 기르는 품종들의 잎 크기는 대략 30cm~40cm 정도이다.

수명

수년

기르는 방법

물주기 토양을 촉촉하게 유지한다. 습도는 높게 유지한다.
빛 밝은 간접광
온도 18℃~21℃
옮겨심기 분갈이가 필요한 경우 이른 봄에 하도록 한다.

유의사항

지나치게 물을 많이 주게 되면 뿌리가 썩게 되고 너무 낮은 온도에서는 잎이 누렇게 변하게 된다. 건조하면 응애와 가루깍지벌레, 깍지벌레, 진딧물들이 잘 자라게 된다.

에틸렌 민감성 알려진 바 없음

DID YOU KNOW?

알로카시아는 토란(taro)과 연관이 있으며 어떤 종들이 덩이줄기는 먹을 수 있는 것으로 알려지기도 했으나 대부분은 유독성의 결정체가 있어서 먹게 되면 감각이 마비되거나 코나 입안의 점막이 부어오르게 된다.

야자
palms

palms 팜스, 테이블야자

학명 및 통칭

Chamaedorea elegans(카메도리아 엘레강스), 팔러 팜(Parlor palm); *Chrisalidocarpus lutescens*(크리잘리도 카퍼스 루테스센스), 아레카 팜(*Areca* palm), 옐로우 버터플라이 팜(Yellow butterfly palm); *Howea forsteriana*(하우이아 포스테리아나), 센트리 팜(Sentry palm), *Kentia* palm(켄티아 팜, 켄티아 야자), 대치 리프 팜(Thatch-leaf palm)

생김새

가정이나 사무실의 실내 식물장식에 완벽한 식물이다. 야자류 중에서 테이블야자(parlor palms) 종류들은 실내에서 1.5m 정도까지, 겐차야자(Areca and Kentia palms)는 2.5m까지도 자란다.

수명

10년 이상

기르는 방법

물주기 토양을 약간 촉촉하게 유지하고, 공기가 건조할 때는 규칙적으로 물을 분무한다.

빛 중간에서부터 밝은 광까지. 테이블야자와 겐차야자는 빛이 적은 곳에서도 잘 자란다.

온도 18℃~27℃

분갈이 뿌리가 화분에 가득 찼을 때에만 분갈이한다.

유의사항

건조한 공기는 잎끝을 누렇게 변화시키는 가장 흔한 원인이다. 그 외에 잎 위에 반점이 생기는 것은 물을 너무 많이 주었거나 화분을 갑작스레 차가운 곳에 옮겨 놓았을 때이다. 또한 물을 너무 적게 주면 잎이 노랗게 변하게 된다. 시든 잎들은 바로 제거하며, 응애를 방지하기 위하여 잎을 주기적으로 닦아준다.

에틸렌 민감성 낮음

DID YOU KNOW?

야자과 식물의 재배 포인트는 각 줄기의 잎끝에 있으므로 세심하게 가지치기를 해 준다.

접란
spi·der plant

spider plant 스파이더 플랜트

- **학명** *Chlorophytum* comosum
- **발음** 클로로피덤 코모섬
- **통칭** 스파이더 플랜트(Spider plant), 에어플레인 플랜트(Airplane plant), 리본 플랜트(Ribbon plant)

생김새

적응력이 강하고 성장 속도가 빠른 접란은 연한 녹색의 줄무늬가 있는 잎들이 아치형을 이루며 늘어진다. 곧으면서 아래쪽으로 늘어지는 줄기의 끝에서 작고 하얀 꽃을 피우는데 이것이 스파이더플랜트로 공중걸이 화분을 만들기 좋은 이유가 된다. 꽃과 함께 생기는 새로운 순들이 자라면 그대로 두어도 되지만, 떼어서 새로운 화분에 심을 수도 있다.

수명

5년 이상

기르는 방법

물주기 토양을 촉촉하게 유지한다.
빛 보통에서 밝은 간접 광
온도 18℃~24℃
분갈이 매년 봄에

유의사항

몇 주에 한 번씩 비료를 주면 잎의 가장자리가 갈색으로 변하는 것을 막을 수 있다. 화분이 물에 잠기게 되면 잎이 노란색이나 갈색으로 변하거나 떨어지기도 한다. 접란은 화분이 너무 크거나 비료가 과한 경우, 또는 밤사이에 빛을 많이 받게 되면 꽃이 잘 피지 않는다.

에틸렌 민감성 낮음

> **DID YOU KNOW?**
>
> 접란은 포름알데히드, 벤젠, 일산화탄소와 같은 실내 공기 오염물질을 제거하는 것으로 알려졌는데 NASA에서 선정한 공기정화 식물 중에서 최상의 식물로 꼽힌다.

쥐꼬리선인장
cac·ti(desert)

cacti(desert) 쥐꼬리선인장

학명 및 통칭

Aporocactus(아포로칵터스), 랫테일 칵터스(Rattail cactus); *Cephalocereus*(세퍼로시리우스), 올드맨 칵터스(Oldman cactus); *Cereus*(시리우스), 컬럼 칵터스(Column cactus); *Chamaecereus*(카메시리우스),피넛 칵터스(Peanut cactus); *Echinocactus* (에키노칵터스), 베럴 칵터스(Barrel cactus); *Echinopsis*(에키놉시스), 씨 어친 칵터스(Sea-urchin cactus); *Gymnocalycium*(짐노칼리시움), 친 칵터스(Chin cactus), 히보탄 칵터스(Hibotan cactus); *Lemaireocereus* (레메리오시리우스), 오르간 파이프 칵터스(Organ-Pipe cactus); *Mammillaria*(마밀라리아), 핀쿠션 칵터스(Pincushion cactus), 스트로베리 칵터스(Strawberry cactus), 파우더 퍼 칵터스(Powder-puff cactus); *Notocactus*(노토칵터스) 볼 칵터스(Ball cactus); *Opantia*(오펀시아) 버니이어스 칵터스(Bunny ears cactus), 프리클리 페어 칵터스(Prickly pear cactus); 콜라 칵터스(Cholla cactus); *Parodia*(파로디아), 톰썸 칵터스(Tom Thumb cactus); *Pereskia*(페레스키아), 리프칵터스(Leaf cactus), 로즈 칵터스(Rose cactus)

생김새
쥐꼬리선인장은 두꺼운 줄기와 때로 굵고 커다랗게 자란 곧은 뿌리 때문에 다육식물로 분류된다. 쥐꼬리선인장은 많은 양의 물을 저장하고 증산(蒸散)작용은 최소로 하므로 건조한 곳에서도 생존할 수 있다.

수명
수년

기르는 방법
물주기 다음번 물줄 때까지는 토양이 마른 채로 둔다. 겨울철에는 물을 자주 주지 않는다. 미지근한 물을 준다.

빛 밝은 광. 봄부터 가을까지 최대한 햇빛을 받도록 한다. 어린 식물은 아침이나 오후에만 빛을 주고 나머지 시간에는 그늘에 두어 적응시킨다.

온도 18℃~21℃. 겨울철에는 10℃~13℃

다시 심기 어릴 때는 매년 봄에 분갈이하지만 다 자란 후에는 필요할 때만 하면 된다.

유의사항
응애와 깍지벌레, 가루깍지벌레에 민감하다. 물을 너무 많이 주면 줄기가 짓무르게 된다. 겨울에 온도를 너무 높게 하거나 빛을 제대로 받지 못하면 웃자라거나 기형으로 성장한다.

에틸렌 민감성 다양하다.

DID YOU KNOW?
대부분의 선인장은 봄철이나 여름철에 줄기의 연결부위를 잘라서 심으면 쉽게 잘 자란다.

칼라디움
ca·la·di·um

caladium 칼라디움

학명 *Caladium* spp.
발음 칼라디움
통칭 엘리펀트 이어(Elephant's-ear), 엔젤 윙스(Angel wings), 마더인로우 플랜트(Mother-in-law plant), 하트 오브 지저스(Heart-of-Jesus)

생김새
칼라디움은 긴 줄기에 하트 모양의 잎들이 달려있다. 종이처럼 얇은 잎들에는 빨간색, 핑크색, 녹색, 흰색 등의 여러 색깔의 반점들이 있다.

수명
수개월에서 수년.
칼라디움은 알뿌리 식물인데 이 알뿌리에서 해마다 작은 잎들을 피워내며 수년간 유지된다.

기르는 방법
물주기 토양을 촉촉하게 유지하고, 자주 잎에 물을 분무한다.
빛 밝은 광
온도 21℃~29℃
옮겨심기 뿌리가 화분 내에 가득 차게 되면 분갈이를 한다. 가을이 되어 잎이 모두 떨어지면 물주기를 중단한다. 알뿌리는 화분 속이나, 피트 속에 두어 16℃ 내외의 온도가 유지되도록 보관한다. 봄이 되면 다시 심는데 새로운 눈이 나온 작은 알뿌리들을 각각 잘라 다른 화분에 심어도 된다.

유의사항
물을 너무 많이 주거나 뿌리가 물에 잠기게 되면 잎이 누렇게 된다. 햇빛을 많이 받게 해도 잎이 누렇게 변한다.
에틸렌 민감성 중간

DID YOU KNOW?
칼라디움은 열대식물로서 추위에 매우 민감하다. 운반하거나 보관할 때도 온도가 16℃ 이하가 되지 않도록 하며, 냉기에 노출되지 않도록 주의한다.

크로톤
cro·ton

croton 크로톤

학명 *Codiaeum*
발음 코디아이움
통칭 크로톤(Croton), 베리어게이티드 로럴(variegated laurel), 조셉스 코트(Joseph's coat)

생김새
크로톤은 줄기가 매력적인 식물이다. 노란색과 빨간색, 핑크색, 자주색, 황동색 등의 화려한 색의 줄기는 가파르게 위로 솟는 형태로 난다. 대부분의 잎은 월계수처럼 생겼는데 어떤 품종들은 잎이 꼬이거나 말려있기도 하다.

수명
수년

기르는 방법
물주기 토양에 약간의 습기가 있도록 하고, 잎에 정기적으로 물을 분무한다.
빛 밝은 간접 광
온도 16℃~29℃
옮겨심기 매년 봄에 분갈이한다.

유의사항
최근의 품종들은 실내의 조명에도 적응하도록 개량된 품종들이지만 어두운 조명은 잎의 생동감 넘치는 다양한 색깔들이 색을 잃게 한다. 오래된 잎들이 떨어지는 것은 당연하지만, 잎이 너무 많이 떨어지는 것은 온도가 너무 낮거나 물이 많거나 혹은 지나치게 건조한 경우이다. 이런 환경이 지속되면 잎끝이 누렇게 변하기도 한다. 응애와 깍지벌레를 주의한다. 또한, 어떤 품종들은 특정 사람들에게 피부염 관련 질병을 유발하는 것으로 나타났으며 식물의 붉은 줄기의 즙이 옷에 물들 수도 있다.

에틸렌 민감성 낮음

DID YOU KNOW?
크로톤은 줄기의 끝을 잘라 심어서 번식시킨다. 크고 긴 크로톤을 잘라서 쉽게 새로 심을 수 있다.

필로덴드론
phil·o·den·dron

philodendron 필로덴드론

학명 *Philodendron* spp.
발음 필로덴드론
통칭 스위트하트 플랜트(Sweetheart plant), 하트 리프 필로덴드론(Heart-leaf *Philodendron*), 블러싱 필로덴드론(Blushing *Philodendron*), 피들 리프 필로덴드론(Fiddle-leaf *Philodendron*), 레드 리프 필로덴드론(Red-leaf *Philodendron*), 트리 필로덴드론(Tree *Philodendron*)

생김새

필로덴드론의 잎들은 모양과 색상이 매우 다양하다. 척박한 환경에서도 잘 견디며 실내에서도 잘 자란다. 고정된 구조물에 공중 뿌리를 붙이고 자라는 넝쿨 타입과 나무 형태로 자라는 것도 있다.

수명

수년

기르는 방법

물주기 토양을 촉촉하게 유지하고 잎에 규칙적으로 물을 분무하거나 식물 주변에 젖은 피트를 둘러준다.
빛 중간 정도의 빛부터 밝은 간접 광
온도 16℃~30℃
분갈이 2~3년에 한 번씩 봄에 분갈이한다.
가지치기 위쪽에 있는 잎들까지 수분을 공급할 수 있도록 공중뿌리들을 화분 내의 배양토로 밀어 넣는다.

유의사항

물을 너무 많이 주면 잎 가장자리가 늘어지고 노랗게 변하거나 줄기가 썩을 수 있다. 또한 빛이 너무 적으면 잎 색깔이 창백해지고 줄기는 길어지면서 잎의 개수가 적어지는 현상이 나타난다. 건조한 환경에서는 잎이 갈색으로 변하거나 얇아진다.
에틸렌 민감성 낮음에서 중간

DID YOU KNOW?

몬스테라 델리시오사(Monstera deliciosa plant)도 통상적으로 '스플리트 리프 필로덴드론(split-leaf-Philodendron)'이라 불리지만 사실은 필로덴드론은 아니다(몬스테라는 천남성과에 속하는 식물이다).

홍콩야자
schef·fler·a

schefflera 쉐플레라

학명 *Schefflera* spp.
발음 쉐프렐라
통칭 엄브렐라 트리(Umbrella tree)

생김새

홍콩야자는 우산나무로 불리기도 하는데 성장기에는 매력적인 관목이며, 다 자라면 2m 이상까지 자라는 나무이다. 우산나무라는 이름은 우산살같이 생긴 반짝거리는 손가락 모양의 잎에서 유래했다. 더 작은 종은 *S. arboricola*로 통상 하와이안 쉐플레라(Hawaiian *Schefflera*)로 알려져 있다.

수명

수개월에서 수년
덩이줄기는 화분에서 여러 해 수명이 다하면 잎들이 드문드문 나고 크기가 작아진다.

기르는 방법

물주기 물을 주지 않는 사이사이에는 토양의 윗부분이 건조하게 둔다.
빛 밝은 간접 광
온도 18℃~24℃
분갈이 성장기에는 일 년에 한 번씩. 다 자란 후에는 2년 또는 3년에 한 번씩 봄에 해 주는 것이 좋다.

유의사항

주변 온도가 낮거나 물을 많이 주게 되면 잎이 노랗게 변하거나 떨어지기도 한다. 또한 빛의 양이 적어도 잎의 얼룩무늬가 흐려진다. 떨어진 잎들은 주기적으로 치워 깨끗이 하고 응애, 가루깍지벌레, 깍지벌레가 생기지 않도록 주의한다.

에틸렌 민감성 중간에서 높음

DID YOU KNOW?

키가 크고 육중한 식물들이 똑바로 서게 하기 위해서는 받침목을 받쳐주는 것이 도움된다. 이러한 식물들은 기울어지지 않도록 무거운 화분에서 키우도록 한다.

Copyright ⓒ Florists' Review Enterprises
All right reserved.
Originally published in U.S.A. by Florists' Review Enterprises

Korean translation rights arranged
with Florists' Review Enterprises
Korean translation rights ⓒ 2013 by Flora Publishing Company

이 책의 한국어판 판권은 Florists' Review Enterprises와의
독점계약으로 도서출판 플로라에 있습니다.
저자권법에 의하여 한국 내에서 보호받고 있는 저작물이므로
전제와 복제 인터넷 등의 수록을 금합니다.

꽃 오래 보고 화초 잘 키우기

2013년 10월 15일 1판 1쇄 발행
2016년 6월 15일 1판 2쇄 발행
2019년 8월 15일 1판 3쇄 발행

펴낸이	이지영
번역	류병열
책임편집	한정희
디자인	Design Bloom
펴낸곳	도서출판 플로라
등록	2010년 9월 10일 제 2010-24호
주소	경기도 고양시 덕양구 원흥동 652-4
전화	02.323.9850
팩스	02.336.6328
대표메일	flowernews24@naver.com

ISBN 978-89-969985-3-2

잘못된 책은 구입처에서 바꾸어드립니다.
책값은 뒤표지에 있습니다.